KB055173

세계의 동물

글 바바라 테일러 · 그림 케네스 릴리

THE ANIMAL ATLAS

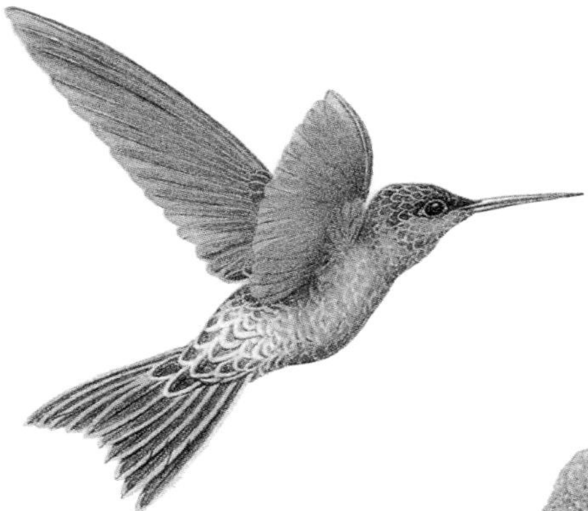

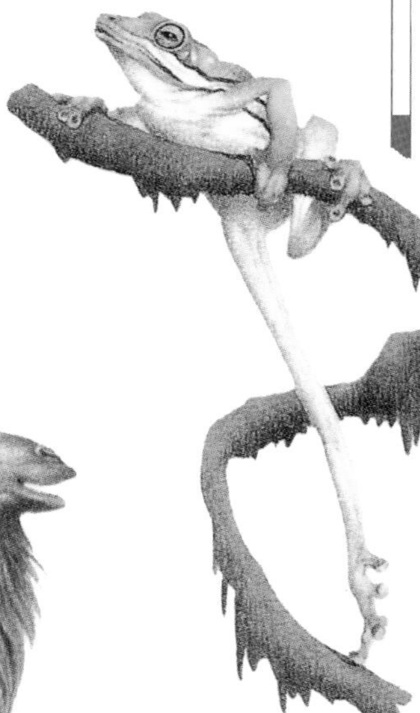

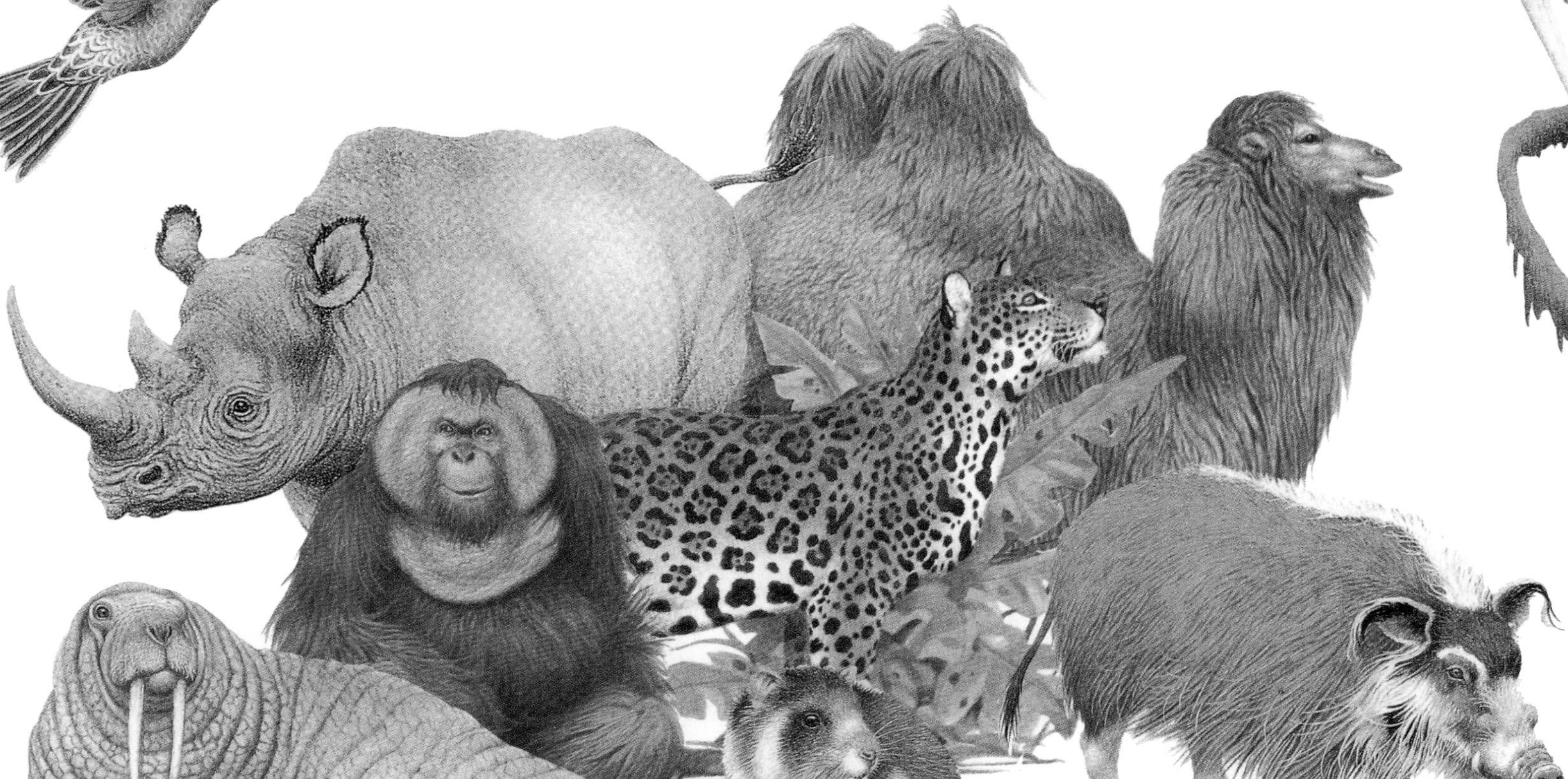

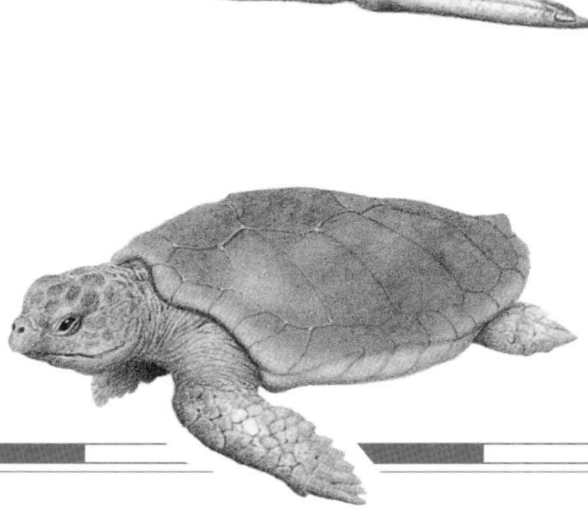

루덴스

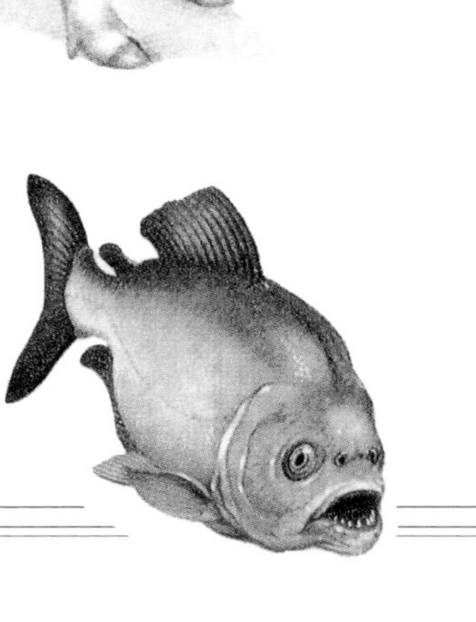

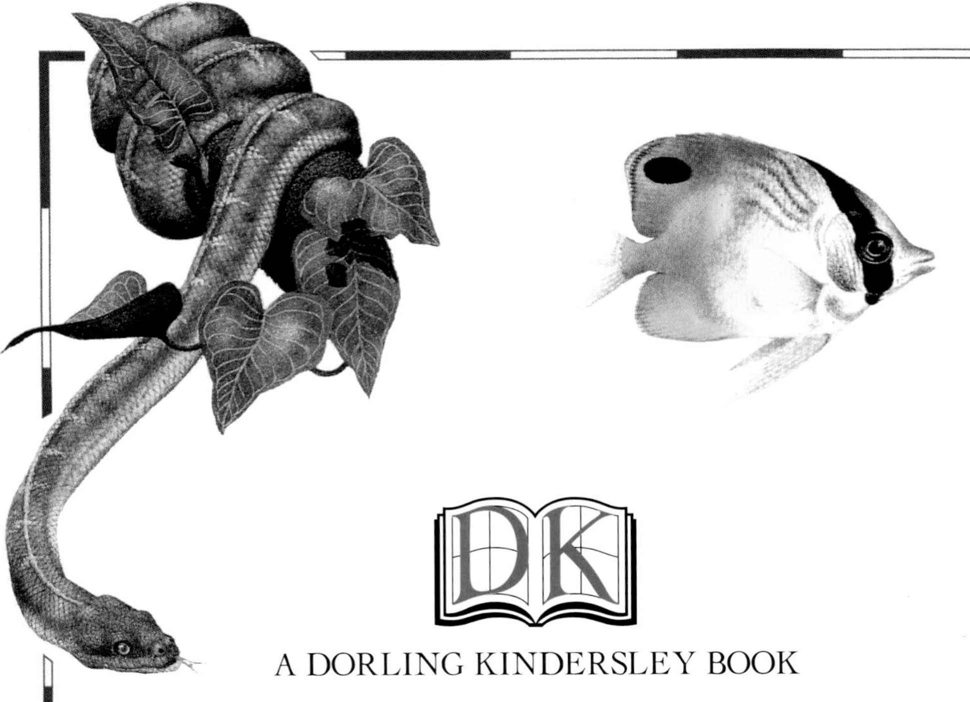

A DORLING KINDERSLEY BOOK

Project Editor Susan Peach · Art Editor Richard Czapnik
Designer Marcus James · Production Teresa Solomon
Managing Editor Ann Kramer · Art Director Roger Priddy
Consultant Michael Chinery MA and Keith Lye BA, FRGS

First published in Great Britain in 1992
by Dorling Kindersley Limited,
80 Strand, London, WC2R ORL

Original Title : The Animal Atlas
Illustrated by Kenneth Lilly
Written by Barbara Taylor

DK 아틀라스 시리즈

세계의**동물** 초판 5쇄 발행 2020년 6월 10일

펴낸곳 루덴스 • **펴낸이** 이동숙 • **글** 바바라 테일러 • **그림** 케네스 릴리

번역 이미현 • **감수** 하종규 박선오 박영주 • **편집** 홍미라 박정익 • **디자인** 모현정 김효정

출판등록 제16-4168호 주소 서울시 송파구 송파대로 201 송파테라타워 B동 919호
전화 02-558-9312(3) • 팩스 02-558-9314

값 24,000원 • ISBN 979-11-5552-232-5

· **세계의 동물**의 모든 내용은 개정 7차 과학 교과과정 중에서 초등3 〈물에 사는 생물〉, 초등4 〈동물의 생김새〉 〈동물의 암수〉, 초등5 〈작은 생물〉 〈환경과 생물〉, 초등 6 〈주변의 생물〉 〈쾌적한 환경〉, 중3 〈생물의 진화〉, 고1 〈환경〉, 고등생물 〈생명의 연속성〉 〈생물의 다양성과 환경〉과 연계되어 있습니다.

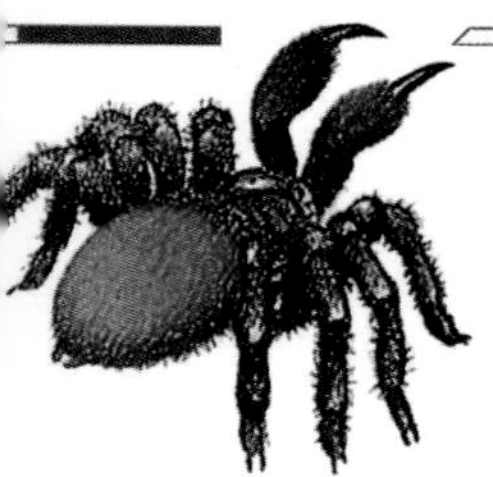

차례

4·동물 여행 가이드
5·동물의 분류
6·동물의 서식지
8·북극
10·숲, 호수, 프레리
12·로키 산맥
14·서부 사막 지대
16·에버글레이즈
18·중앙아메리카
20·갈라파고스 제도
22·안데스 산맥
24·아마존 열대 우림
26·팜파스
28·침엽수림 지대
30·활엽수림 지대
32·남유럽
34·사하라 사막
36·열대 우림과 호수
38·사바나
40·마다가스카르
42·시베리아
44·사막과 스텝
46·히말라야 산맥
48·한국, 중국, 일본
50·동남아시아와 인도
52·오스트레일리아의 오지
54·열대 우림과 숲
56·대보초
57·태즈메이니아
58·뉴질랜드
59·남극 대륙
60·놀라운 동물들
62·멸종 위기의 동물들
64·찾아보기

동물 여행 가이드

How to Use this Atlas

북극 지역을 시작으로 아메리카, 유럽, 아프리카, 아시아, 오세아니아, 남극 대륙까지 세계 곳곳에 살고 있는 진귀하고 아름다운 동물들을 책 한 권에 담았다. 각 장은 특정 서식지를 중심으로 서식지의 특징과 그곳에서 어떤 동물들이 살고 있는지 설명했다. 서식지는 대륙별로 나누었다.

세계에서의 위치
빨간색으로 표시한 지역이 그 페이지에서 설명하는 서식지가 있는 곳이다.

유럽살쾡
Felis sylvestris

학명
학명은 각 나라 사람들이 해당 동물을 부르는 이름과 상관없이 세계 공통적이다. 두 부분으로 되어 있는데, 앞부분은 그 동물과 비슷한 많은 동물들에게 붙여진 전체적인 이름이다. '숲 속의 고양이'라는 뜻의 'Felis sylvestris'에서 'Felis'는 작은 고양이 전체에게 붙여진 이름이다. 'sylvestris' 처럼 특정한 종류의 동물을 가리키는 뒷부분은 그 동물의 특징을 나타내는 경우가 많다.

몸길이 : 5㎝

크기
동물 이름 아래에 그 동물의 평균적인 키, 몸길이, 날개 길이 등을 나타냈다.

축척
축척으로 지도에 나타낸 지역의 넓이를 알 수 있다.

동물 기호
해당 동물이 가장 많이 살고 있는 지역에 동물 기호를 그려 넣었다.

지도
동물의 서식지와 주변 지역, 지리학적 특징 등을 지도에 나타냈다.

사진
동물 서식지의 모습과 식물의 종류를 보여준다.

동물의 분류 *Animal Groups*

지금까지 발견된 동물의 종류는 백만이 넘는다. 아직 연구되지 않았거나 이름 붙여지지 않은 동물은 이보다 세 배나 네 배쯤 된다. 아래처럼 동물은 크게 몇 가지 무리로 나뉜다.

모나크나비

무척추동물

6억~10억 년 전 사이에 지구에서 처음으로 진화한 동물이다. 단세포인 미생물을 비롯하여 산호충, 해파리, 곤충, 달팽이, 거미, 게, 지네, 기생충 등 수십만 종이 살고 있는데, 척추동물(등뼈가 있는 동물) 수보다 훨씬 많다.

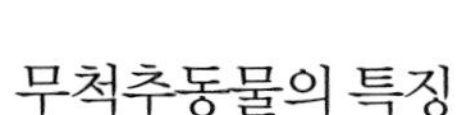

무척추동물의 특징

- 척추가 없다.

물속에서 사는 무척추동물인 불가사리는 극피동물에 속한다. '극피'는 '가시가 돋친 피부'를 뜻한다.

사막독거미

어류

약 5억 년 전에 무척추동물로부터 진화한 최초의 척추동물이다. 지금은 약 22,000종의 어류가 있는데, 포유류, 조류, 파충류, 양서류를 합친 것보다 많다.

가시나비고기

어류의 특징

- 아가미로 물속에 있는 산소를 빨아들인다.
- 아가미와 폐를 함께 가지고 있는 어류도 있다.
- 헤엄치기에 좋은 지느러미가 있다.
- 몸이 비늘로 덮여 있다.

어류는 지느러미로 헤엄치거나 방향을 바꾼다.

청새리상어

양서류

35,000만 년 이전에 물고기로부터 진화했다. 개구리, 두꺼비, 도롱뇽 등 약 3,000종이 있다.

양서류의 특징

- 성장하면 주로 땅 위에서 살지만, 자라는 곳은 물속이다.
- 체온이 일정하지 않다.
- 피부는 비늘이 없고, 대개 미끈미끈하다.
- 일생이 알, 어린 시기, 어른 시기로 나뉜다.
- 어릴 때는 아가미로, 다 자라면 폐(허파)로 호흡한다.

일본장수도롱뇽

올챙이는 작은 개구리로 자라기까지 약 15주 동안 물속에서 식물이나 작은 생물을 먹으며 산다.

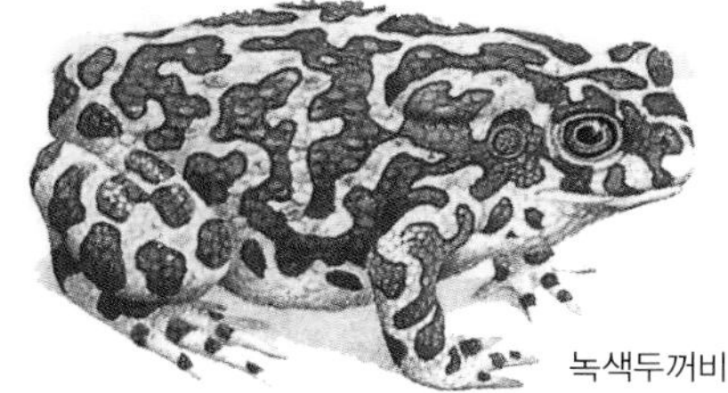

녹색두꺼비

파충류

약 3억 년 전에 양서류로부터 진화했다. 도마뱀, 뱀, 땅거북, 바다거북, 악어 등 약 6,100종이 있다. 공룡도 파충류였다.

목걸이도마뱀

파충류의 특징

- 체온이 일정하지 않다. 그래서 기온이 아주 높을 때나 아주 낮을 때는 잠을 자기도 한다.
- 피부가 건조하고 비늘에 덮여 있으며, 몸을 보호하는 딱딱한 껍질이 있는 것도 있다.
- 대부분 육지에서 산다.
- 폐로 호흡한다.

바다거북은 바다에서 산다. 암컷은 알을 낳을 때가 되면 바닷가 모래밭 같은 곳으로 올라간다.

악질방울뱀

조류

약 1억 4,000만 년 전에 파충류로부터 진화했다. 날개가 있고, 뼈 속 빈 곳에 공기가 들어 있어 몸이 가볍고, 몸이 깃털로 덮여 있어서 날기에 알맞다. 앵무새, 펭귄, 독수리, 키위, 올빼미, 황새 등 약 9,000종이 있다.

키위

조류의 특징

- 깃털로 덮여 있는 유일한 동물이다.
- 폐로 호흡한다.
- 체온이 일정하다.
- 단단하고 물이 스며들지 않는 껍데기의 알을 낳는다. 대개 체온으로 알을 부화한다.

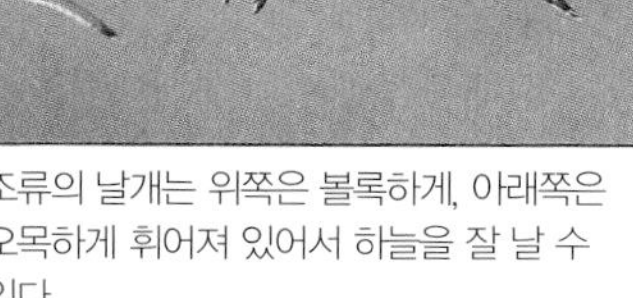

조류의 날개는 위쪽은 볼록하게, 아래쪽은 오목하게 휘어져 있어서 하늘을 잘 날 수 있다.

진홍앵무

포유류

약 2억 년 전인 공룡 시대에 파충류로부터 진화했다. 캥거루, 쥐, 고양이, 코끼리, 고래, 박쥐, 원숭이, 인간 등 4,000종이 넘는다.

시베리아호랑이

포유류의 특징

- 젖으로 새끼를 기른다.
- 몸이 털이나 털가죽에 덮여 있다.
- 체온이 일정하며, 땀을 내어 체온을 조절하는 땀샘이 있다.
- 뇌가 크고 지능이 높다.
- 폐로 호흡한다.

포유류 암컷은 젖으로 새끼를 기른다.

캥거루쥐

동물의 서식지 *Animal Habitats*

동물은 북극의 황무지부터 사막에 이르기까지 온 세계에 퍼져 살고 있다. 동물이 살고 있는 곳을 서식지라고 한다. 동물은 살아남기 위해 유리한 특성을 발달시켜 서식지에 적응해 왔다. 세계에는 비슷한 환경의 서식지가 여러 곳 있는데, 그곳에 사는 동물도 비슷한 적응을 하고 있다. 북아메리카 사막에서 사는 키트여우는 사하라 사막의 페넥여우와 생김새가 비슷하다. 산맥이나 바다 같은 자연적인 장애물 때문에 대부분의 동물은 마음대로 이동할 수 없지만, 날 수 있거나 헤엄칠 수 있는 동물들은 넓은 지역에 분포하고 있다. 박쥐는 온 세계에서 볼 수 있으며, 거북이는 헤엄쳐서 아주 멀리 떨어진 섬에 다다르기도 한다.

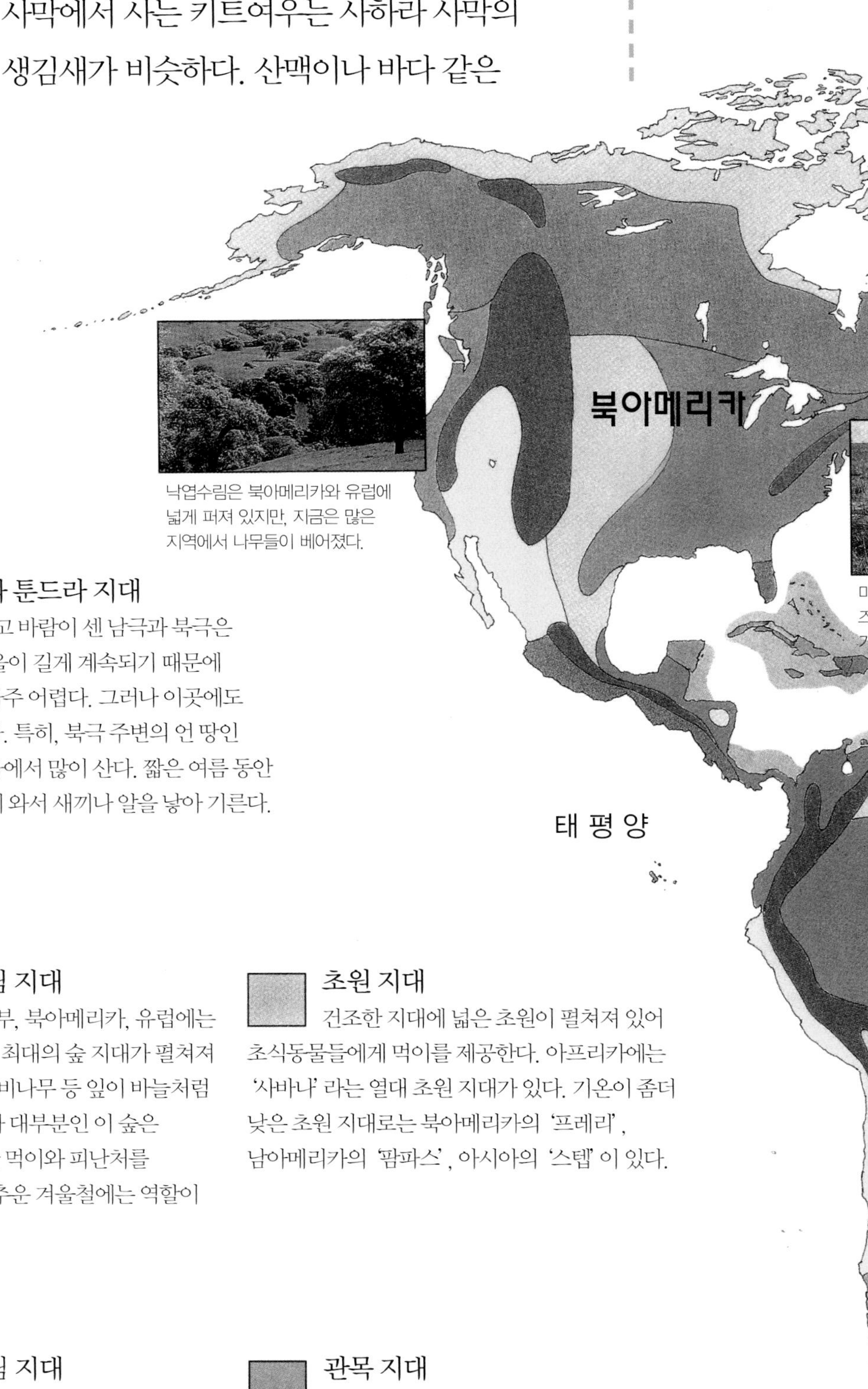

낙엽수림은 북아메리카와 유럽에 넓게 퍼져 있지만, 지금은 많은 지역에서 나무들이 베어졌다.

미국 플로리다에 있는 '에버글레이즈'는 층층고랭이(사초)로 덮여 있는 거대한 습지이다.

지중해 연안의 건조한 지역에 키가 작은 관목들이 여기저기에 서 있다.

대 서 양

극지방과 툰드라 지대

기온이 낮고 바람이 센 남극과 북극은 해가 뜨지 않는 겨울이 길게 계속되기 때문에 동물들이 살기가 아주 어렵다. 그러나 이곳에도 동물들이 살고 있다. 특히, 북극 주변의 언 땅인 툰드라 지대와 바다에서 많이 산다. 짧은 여름 동안 많은 동물이 북극에 와서 새끼나 알을 낳아 기른다.

침엽수림 지대

아시아 북부, 북아메리카, 유럽에는 '타이가'라는 세계 최대의 숲 지대가 펼쳐져 있다. 전나무, 가문비나무 등 잎이 바늘처럼 생긴 상록 침엽수가 대부분인 이 숲은 동물들에게 풍부한 먹이와 피난처를 제공하는데, 특히 추운 겨울철에는 역할이 크다.

초원 지대

건조한 지대에 넓은 초원이 펼쳐져 있어 초식동물들에게 먹이를 제공한다. 아프리카에는 '사바나'라는 열대 초원 지대가 있다. 기온이 좀더 낮은 초원 지대로는 북아메리카의 '프레리', 남아메리카의 '팜파스', 아시아의 '스텝'이 있다.

낙엽수림 지대

기온이 온화하고 비가 많이 내리는 낙엽수림 지대는 침엽수림 지대의 남쪽에 있다. 떡갈나무, 너도밤나무 등 낙엽활엽수가 대부분인데, 가을이 되면 잎을 떨어뜨리고 겨울에는 활동을 쉰다.

관목 지대

지중해 주변과 오스트레일리아의 일부 지역, 미국의 캘리포니아 주에서 단단한 관목 등 키가 작은 나무들이 여기저기 흩어져 있는 건조한 황무지를 볼 수 있다. 이런 곳은 겨울에 주로 비가 내리기 때문에 동물들은 건조하고 무더운 긴 여름을 견뎌야 한다.

'팜파스'는 남아메리카에 있는 넓은 초원이다. 이곳 대부분 지역에서 가축을 놓아기른다.

남 극

사막

사막에는 비가 거의 내리지 않기 때문에 동물들은 필요한 수분을 먹이에서 얻거나 오랫동안 물을 마시지 않고도 살 수 있어야 한다. 찌는 듯한 낮의 더위와 얼어붙는 듯한 밤의 추위도 견뎌야 한다. 많은 동물이 서늘하고 습기가 있는 새벽녘이나 저녁 무렵에 활동한다.

열대 우림

적도 근처에 있는데, 일 년 내내 덥고 습도가 높다. 나무는 대부분 상록 활엽수이다. 전세계 동식물 종류 가운데 반 이상이 열대 우림에서 살고 있다.

습지와 소택지

강과 호수, 해안 근처에 많은 습지 서식지는 많은 동물에게 풍부한 먹이와 번식 장소를 제공한다. 열대 지방에서는 '맹그로브'(열대 지방의 늪에서 자라는 라이조포라나무, 또는 그 나무로 이루어진 숲)가 자라는 늪지대를 해안에서 흔히 볼 수 있다. 우리나라는 우포늪이 대표적이다.

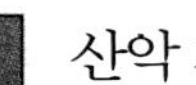

산악 지대

산악 지대는 위도가 낮은 지역의 숲에서부터 위도가 높은 지역의 초원이나 툰드라에 이르기까지 야생 동식물들에게 다양한 서식지를 제공한다. 그러나 수목 한계선(높은 산이나 극지방에서 나무가 살 수 있는 한계선) 이상 올라가면 너무 추워서 나무가 살 수 없고, 더 올라가면 설선(만년설 가장자리 선)이 있다. 설선 위쪽은 너무 추워서 항상 눈과 얼음에 덮여 있다. 산악 지대에 사는 동물들은 나쁜 기후뿐 아니라 가파르고 미끄러운 비탈에도 잘 적응해야 한다.

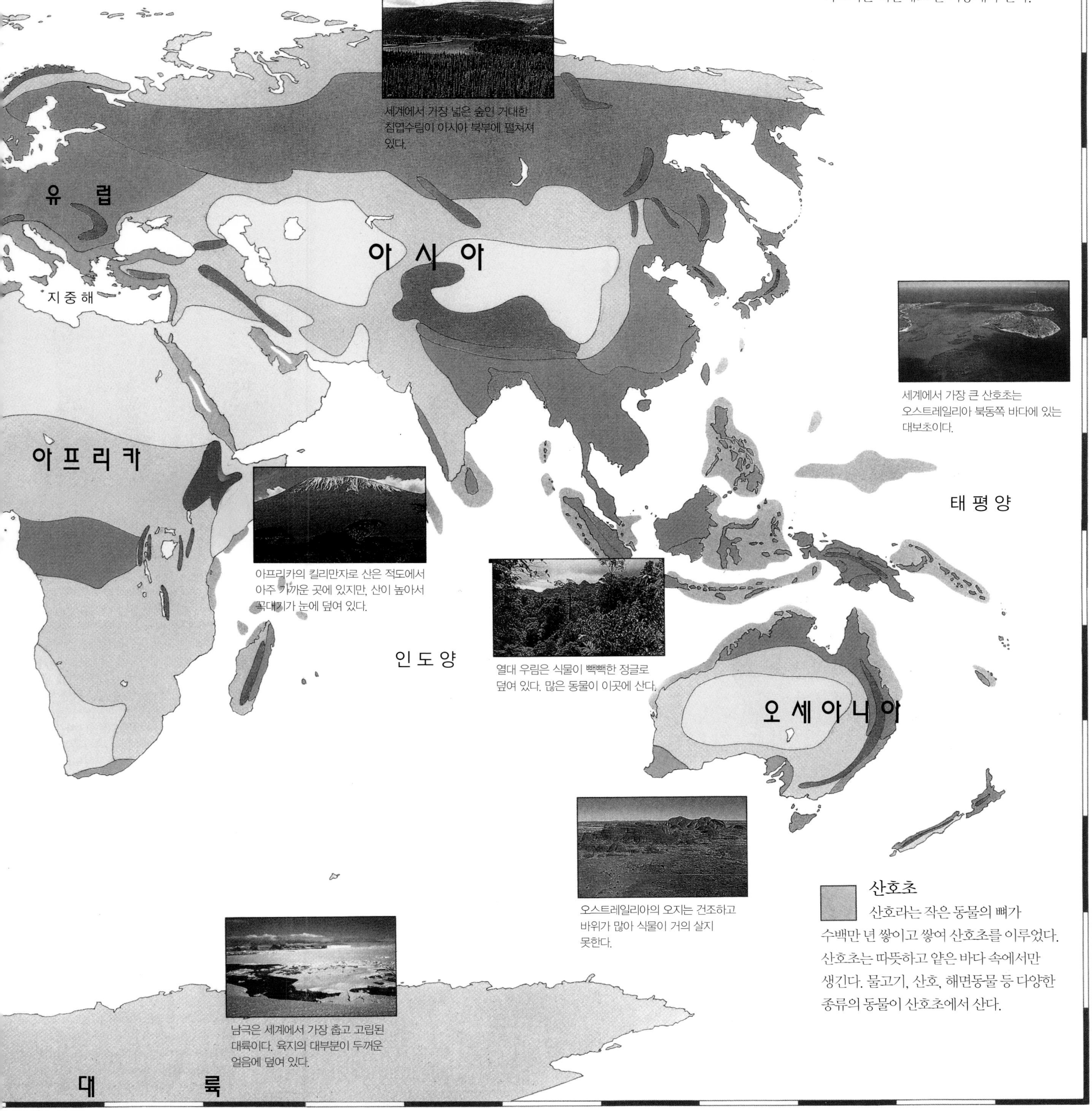

세계에서 가장 넓은 숲인 거대한 침엽수림이 아시아 북부에 펼쳐져 있다.

세계에서 가장 큰 산호초는 오스트레일리아 북동쪽 바다에 있는 대보초이다.

아프리카의 킬리만자로 산은 적도에서 아주 가까운 곳에 있지만, 산이 높아서 꼭대기가 눈에 덮여 있다.

열대 우림은 식물이 빽빽한 정글로 덮여 있다. 많은 동물이 이곳에 산다.

오스트레일리아의 오지는 건조하고 바위가 많아 식물이 거의 살지 못한다.

산호초

산호라는 작은 동물의 뼈가 수백만 년 쌓이고 쌓여 산호초를 이루었다. 산호초는 따뜻하고 얕은 바다 속에서만 생긴다. 물고기, 산호, 해면동물 등 다양한 종류의 동물이 산호초에서 산다.

남극은 세계에서 가장 춥고 고립된 대륙이다. 육지의 대부분이 두꺼운 얼음에 덮여 있다.

북극 The Arctic

북극 지역은 아시아의 북쪽 끝 지역과 북아메리카, 유럽, 북극점 주위의 얼어붙은 넓은 바다로 이루어져 있다. 기온이 10℃ 이상 올라가는 때가 거의 없고, 겨울에는 종종 영하 40℃까지 내려간다. 짧은 여름 동안에는 밝은 낮이 계속되기 때문에 밝은 빛과 따뜻한 수온이 플랑크톤의 발육을 도와 물고기와 물범, 조류 등이 이 플랑크톤을 먹고 산다. 육지에서는 꽃들이 피어 수많은 곤충들에게 먹이를 제공한다. 북극제비갈매기, 흑기러기 등 많은 새가 북극 지역으로 날아온다. 다시 겨울이 되면 이 새들은 따뜻한 곳으로 돌아간다. 물범과 고래 일부도 남쪽으로 이동한다.

자연 냉장고

북극여우는 여름 동안 죽은 새나 새의 알 같은 먹이를 바위 밑에 저장해 놓았다가 먹이를 구하기 어려운 겨울 동안 먹는다. 찬 기후 덕택에 이 먹이들은 잘 보존된다. 북극여우는 두꺼운 모피가 있어서 영하 50℃에도 견딜 수 있다.

북극여우
Alopex lagopus
몸길이 : 최고 70㎝
꼬리 길이 : 최고 40㎝

턱수염바다물범
Erignathus barbatus
길이 : 최고 2.8m

멋진 수염

턱수염바다물범은 북극을 뒤덮고 있는 얼음의 가장자리 바다 속에서 산다. 길고 예민한 수염으로 물고기나 새우, 바다 밑에 있는 조개류 등을 찾아 잡아먹는다. 봄이 되면 암컷은 새끼를 낳으려고 얼음 위로 올라간다.

순록양파리
Oedemagena tarandi
길이 : 1.5㎝

두건물범
Cystophora cristata
길이 : 최고 3m

무서운 파리

순록양파리는 여름이 되면 북극으로 가서 삼림순록이나 순록의 털 속에 알을 낳는다. 알이 깨면 애벌레는 삼림순록이나 순록의 피부를 뚫고 들어가 살 속에 박혀 산다. 그러다가 땅에 떨어져 파리가 된다.

풍선코

두건물범 수컷은 코 끝 위에 풍선 같은 기관이 있다. 번식기에는 이 기관을 부풀려 다른 수컷이 가까이 오지 못하도록 경고하는 소리를 낸다. 바다에서 물고기나 오징어를 잡아먹고 살지만, 짝짓기를 할 때, 새끼를 낳을 때, 털갈이를 할 때는 얼음 위로 올라간다.

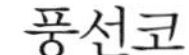

북극곰
Thalarctos maritimus
어깨 높이 : 최고 1.6m
몸길이 : 최고 2.5m

사나운 앞발

몸집이 아주 큰 북극곰은 주로 물범을 잡아먹는다. 물범이 숨을 쉬려고 얼음에 나 있는 구멍으로 나올 때 커다란 앞발로 후려쳐 잡는다. 발톱으로는 먹이를 움켜쥔다.

가장 긴 털

사향소는 포유동물 가운데 털이 가장 길다. 1m가 넘는 털도 있다. 사향소 무리는 공격을 받으면 머리를 바깥쪽으로 하여 원 모양을 만들고 날카로운 뿔로 적을 막는다. 새끼들은 원 안에 보호한다.

사향소
Ovibos moschatus
어깨 높이 : 최고 1.5m
뿔 길이 : 최고 70㎝

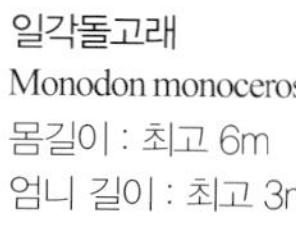

일각돌고래
Monodon monoceros
몸길이 : 최고 6m
엄니 길이 : 최고 3m

수수께끼의 엄니

일각돌고래는 치아가 둘뿐인데, 수컷은 치아 중 하나가 나선형으로 길게 자라 윗입술의 뚫린 구멍으로 튀어나와 있다. 수컷들이 이 엄니로 싸우는 모습이 발견되기는 했지만, 어떤 용도로 쓰이는지는 아무도 모른다.

여행 챔피언 철새

북극제비갈매기는 북극에서 짧은 여름 동안에 알을 낳아 부화시켜 새끼를 기른다. 여름이 가고 새끼들이 자라면 남극을 향해 20,000㎞의 여행을 떠난다. 여름을 맞는 남극에 먹이가 많기 때문이다. 철새들 중에서 가장 먼 거리를 여행하는 북극제비갈매기는 30년 이상 살 수 있다. 일생 동안 1,200,000㎞ 이상 여행하는 셈이다.

북극제비갈매기
Sterna paradisaea
길이 : 35㎝

바다의 카나리아

'벨루가'라고 부르기도 하는 흰돌고래는 여러 가지 울음소리로 서로 이야기한다. 19세기의 선원들은 그 소리를 듣고 흰돌고래를 '바다의 카나리아'라고 했다. 흰돌고래는 혀를 차는 듯한 소리를 내어 이 소리가 주위의 물체에 부딪쳐 되돌아오는 소리를 듣고 길을 찾아 간다. 겨울이 되면 큰 무리를 지어 남쪽으로 이동한다.

흰돌고래
Delphinapterus leucas
길이 : 최고 6m

눈토끼
Lepus arcticus
몸길이 : 최고 70㎝
꼬리 길이 : 최고 8㎝

만년설과 얼음에 덮인 극 지방에서는 동물이 거의 살 수 없다. 먹이인 식물과 곤충이 없기 때문이다.

여름 동안만 얼음의 표면이 녹아 이끼 같은 것이 자라는 거친 벌판을 '툰드라'라고 한다.

그린란드는 얼음이 흐르는 강, 빙하로 덮여 있다.

바뀌는 털 색깔

눈토끼는 주위의 환경에 맞추어 털 색깔을 바꿀 수 있다. 겨울에는 흰색으로 바뀌어 눈 속에서 알아보기가 어렵고, 여름이 되어 눈이 녹으면 흰 털이 빠지고 회갈색 털이 난다. 일 년 내내 눈에 덮여 있는 극지방에서는 항상 털 색깔이 희다.

솜털오리
Somateria mollissima
길이 : 최고 60㎝

외딴 작은 섬에 튼 둥지

솜털오리는 북극해의 작은 섬 풀숲에 알을 낳는다. 이렇게 외딴 곳에 둥지를 틀어 알을 적으로부터 안전하게 지킨다. 암컷은 가슴에서 부드러운 털을 뽑아 둥지에 깐다. 암컷과 수컷은 둥지를 떠나야 할 때면 이 털로 알을 덮는다. 알을 따뜻이 해 주기도 하고, 갈매기나 여우 등이 알을 찾아 내지 못하게 하기 위해서이다.

바다코끼리
Odobenus rosmarus
길이 : 최고 3.7m
송곳니 길이 : 최고 90㎝

조개를 파내는 송곳니

바다코끼리는 긴 송곳니로 바다 밑 흙 속에 있는 조개류나 작은 동물을 파낸다. 바다코끼리는 큰 무리를 지어 살며, 낮에는 대개 얼음 위에서 지낸다. 번식기가 되면 정해진 곳에 모이는데, 수컷들은 짝짓기 상대를 차지하려고 서로 싸운다.

숲, 호수, 프레리 *Forests, Lakes, and Prairies*

캐나다의 상록수림은 가문비나무, 소나무, 전나무로 빽빽하다. 숲 아래는 습지와 호수가 많고, 남쪽에는 떡갈나무, 히코리나무, 밤나무가 울창한 숲이 있다. 이 숲은 북아메리카 동부를 가로질러 퍼져 있었지만, 지금은 농지로 개간되어 아메리카너구리, 주머니쥐 등을 제외한 많은 동물이 수가 줄거나 산 속으로 숨어들었다. 북아메리카 중북부에 있는 프레리도 옛날에는 수백만 마리의 아메리카들소, 가지뿔영양이 풀을 뜯어 먹던 넓은 초원이었지만, 지금은 많은 지역이 농지로 사용된다. 이곳에 살던 동물들도 사냥 때문에 거의 사라져 버렸다.

아메리카너구리
Procyon lotor
몸길이 : 최고 66㎝
꼬리 길이 : 최고 30㎝

쓰레기통 침입자

아메리카너구리는 길고 감각이 예민한 앞발가락으로 먹이를 찾아낸다. 가끔 도시로 가서 음식찌꺼기를 찾으려고 쓰레기통을 뒤지기도 한다. 두꺼운 털이 추운 겨울에 몸을 따뜻하게 한다.

산쑥들꿩
Centrocercus urophasianus
길이 : 최고 46㎝

주머니가 있는 뺨

치프멍크다람쥐는 먹이를 땅 속의 굴로 나를 때 뺨에 있는 주머니에 넣어 가지고 간다. 굴속에는 먹이를 저장하는 곳, 거처하는 곳, 잠자는 곳이 따로 있다. 겨울이 되면 굴속에서 겨울잠(동면)을 잔다.

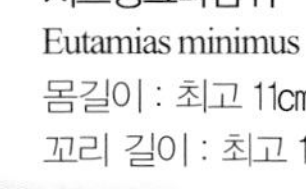

치프멍크다람쥐
Eutamias minimus
몸길이 : 최고 11㎝
꼬리 길이 : 최고 11㎝

해충 구제

두점박이무당벌레는 북아메리카 전 지역에서 흔히 볼 수 있다. 작은 곤충을 잡아먹기 때문에 정원이나 들의 해충을 없애는 데 도움이 된다. 딱딱하고 빨간 앞날개는 부드러운 뒷날개와 그 아래에 있는 몸을 보호한다.

두점박이무당벌레
Adalia bipunctata
길이 : 5㎜

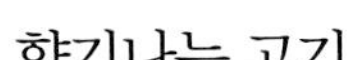

향기나는 고기

산쑥들꿩은 쑥잎을 뜯어 먹고 살기 때문에 고기가 짙은 쑥 향기를 풍긴다. 봄이 되면 수컷은 짝짓기 상대를 차지하려고 가슴의 털을 부풀리고, 꼬리를 폈다 오므렸다 하고, 목의 공기주머니를 불룩하게 한다. 요란한 울음소리를 내기도 한다.

숲 속의 호수는 갈매기, 오리, 백조 등 물새들의 보금자리이다.

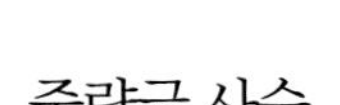

무스
Alces alces
어깨 높이 : 최고 2m
길이 : 최고 3m

뿔피리 부는 새

아메리카흰두루미의 영어 이름은 '후핑 크레인'(뿔피리 부는 새)이다. 뿔피리 소리처럼 후후 하고 울어서이다. 캐나다 북서부의 오지에서만 산다. 1940년대에 사냥 때문에 멸종되다시피 하여 지금은 보호되고 있다.

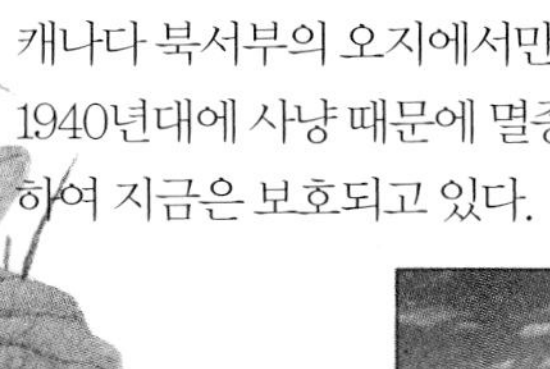

중량급 사슴

무스는 세계에서 가장 큰 사슴이다. 가을이 되면 수컷은 무게가 450kg 이상 된다. 넓은 발굽과 긴 다리가 있어 깊게 쌓인 눈 위와 늪, 호수 주변을 돌아다닐 수 있고, 튀어나온 윗입술은 나뭇잎과 나뭇가지를 자르기에 좋다. 가을이 되면 수컷들은 뿔싸움을 벌여 이긴 쪽이 짝짓기 상대를 차지한다.

아메리카흰두루미
Grus americana
키 : 1.5m
편 두 날개 길이 : 2.2m

지금 프레리의 평원은 밀 재배에 이용되고 있다.

개처럼 짖는 다람쥐

프레리도그는 프레리의 땅 속에 그물처럼 굴을 파고 사는 다람쥐이다. 위험이 닥치면 개처럼 짖기 때문에 프레리도그라는 이름이 붙었다. 사람들이 프레리를 농지로 만들기 전에는 수백만 마리가 프레리의 넓은 지역에 퍼져 살았다.

흰 머리

미국의 상징인 흰머리수리는 머리가 흰색이어서 이런 이름이 붙었다. 영어 이름은 '볼드 이글'(대머리수리)인데, 옛날에는 '볼드' 라는 말에 '희다' 라는 뜻이 있었다. 짝짓기할 때는 암컷과 수컷이 서로 발톱을 움켜잡고 공중에서 재주넘기를 한다. 한 쌍의 흰머리수리는 나뭇가지와 풀과 흙으로 커다란 둥지를 트는데, 해마다 더 크게 늘린다.

댐 쌓기

비버는 힘센 턱과 앞니로 나무를 갉아 넘어뜨려 강을 가로지르는 댐을 쌓는다. 이 댐으로 만들어진 호수에 나뭇가지와 진흙으로 집을 짓고, 그 속에서 겨울잠을 잔다.

기나긴 여행

모나크나비는 가을이 되면 캐나다에서 캘리포니아, 멕시코, 카리브 해 등 남쪽으로 3,200km가 넘는 길을 이동한다. 봄이 되면 다시 북쪽을 향해 가다가 도중에 짝짓기를 하고 죽는다. 새로 태어난 새끼가 북쪽으로 가는 여행을 마무리한다.

물어뜯는 힘

사나운 구즈리는 몸집에 비해 물어뜯는 힘이 세서 삼림순록 크기 정도의 동물도 죽일 수 있다. 넓은 발가락이 눈 위에서 먹이를 쫓아 달리기에 알맞아 쉬지 않고 65km를 달릴 수 있다.

씨앗을 심는 새

푸른어치는 도토리나 다른 나무의 씨를 땅에 묻어 두었다가 나중에 먹는다. 어떤 씨들은 먹히지 않아 싹이 나고 자라 숲을 넓힌다. 봄과 가을에는 큰 무리를 지어 따뜻한 곳을 찾아 남쪽으로 이동한다.

아기 주머니

북쪽주머니쥐는 북아메리카에서 주머니를 가진 유일한 동물이다. 새끼는 태어나면 어미의 주머니 속으로 들어가 몇 달 동안 젖을 먹으며 자란다. 이 쥐는 적의 공격을 피하려고 몇 시간 동안 죽은 체하기도 한다.

로키 산맥 *The Rockies*

로키 산맥은 태평양에서 불어오는 습한 바람을 막아 준다. 이 바람이 산을 타고 올라가 식으면 습기는 비나 눈이 되어 내린다. 산꼭대기에서는 바람이 시속 320㎞까지 불고, 기온이 영하 51℃까지 내려간다. 사람들 때문에 서식지에서 쫓겨난 동물들에게 로키 산맥은 피난처를 제공한다. 산비탈을 오르내리기에 알맞도록 적응한 동물도 있고, 많은 동물들이 따뜻한 털이 있어 추위와 바람으로부터 몸을 보호한다. 겨울이 되면 낮은 산등성이의 숲 속으로 들어가 추위를 피하는 동물도 있다.

포브스네발나비
Parnassius phoebus
편 두 날개 길이 : 최고 9㎝

한여름 나비

포브스네발나비 수컷은 한여름에 암컷보다 8일 내지 10일 먼저 로키 산맥에 나타난다. 그리고 암컷이 번데기에서 나오자마자, 혹은 암컷이 날 수 있기도 전에 짝짓기를 한다.

바늘 갑옷

캐나다호저는 모피에 약 3만 개의 바늘 같은 털을 감추고 있다. 적의 공격을 받으면 등을 돌려 대고 바늘을 세우며, 꼬리를 세차게 흔든다. 꼬리의 바늘은 화살촉 같은 갈고리가 있어서 적의 피부에 박힌다.

캐나다호저
Erethizon dorsatum
몸길이 : 최고 76㎝
꼬리 길이 : 최고 28㎝

회색의 거인

커다란 회색곰은 털끝이 회색이다. 무스나 삼림순록처럼 큰 동물도 죽일 수 있지만, 대개는 그보다 작은 물고기나 식물을 먹고 산다. 긴 앞발톱은 먹이를 죽이는 데 사용한다. 짧은 거리는 말에게 지지 않을 정도로 달릴 수 있고, 먹이를 잘 살펴보려고 뒷발로 일어서기도 한다. 가을이 되면 겨울잠을 준비하려고 양껏 먹어 몸속에 지방을 저장한다.

회색곰
Ursus arctos horribilis
뒷다리로 선 키 : 최고 3m

큰뿔양
Ovis canadensis
몸길이 : 최고 1.8m
뿔 길이 : 최고 90㎝

미끄럼막이 발굽

큰뿔양은 가파른 산등성이를 잘 기어오르고 뛰어다닌다. 발굽이 두 쪽으로 갈라져 있어서 바위를 움켜잡기에 좋다. 수컷은 번식기가 되면 휘어진 뿔로 다른 수컷 경쟁자와 싸운다.

겨울에는 흰 털

눈신발멧토끼는 여름에는 털이 갈색이지만, 겨울에는 흰색으로 바뀌어 눈 속에서 적의 눈에 잘 뜨이지 않는다. 발에도 털이 많아서 발을 따뜻이 하고, 눈 속에 발이 빠지지 않게 해 준다.

눈신발멧토끼
Lepus americanus
길이 : 최고 50㎝

점박이 모피 위장복

보브캣은 점박이 모피가 있어서 바위가 많거나 숲이 우거진 곳에서 들키지 않고 먹이에게 다가갈 수 있다. 주로 토끼를 잡아먹지만, 파충류, 포유류, 조류 등 닥치는 대로 잡아먹는다. 사슴도 죽일 수 있다.

보브캣
Lynx rufus
어깨 높이 : 25㎝
길이 : 최고 1m

숲의 글라이더

북미날다람쥐는 몸 옆에 붙어 있는 피부를 날개처럼 펴서 나무에서 나무로 날아다닌다. 다리의 움직임으로 나는 속도를 조절하고, 꼬리로 방향을 바꾼다. 최고 38m까지 날 수 있다.

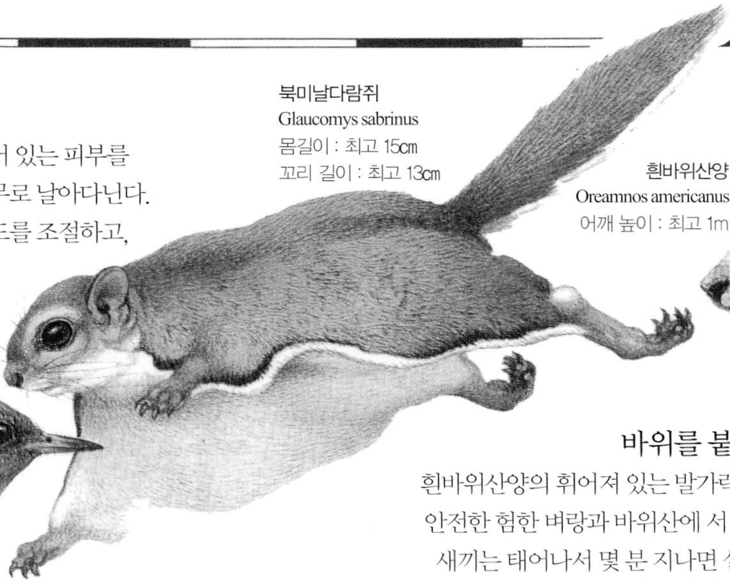

북미날다람쥐
Glaucomys sabrinus
몸길이 : 최고 15㎝
꼬리 길이 : 최고 13㎝

흰바위산양
Oreamnos americanus
어깨 높이 : 최고 1m

바위를 붙잡는 발가락

흰바위산양의 휘어져 있는 발가락은 적으로부터 안전한 험한 벼랑과 바위산에 서 있기에 알맞다. 새끼는 태어나서 몇 분 지나면 설 수 있고, 며칠 지나면 어미를 따라 가파른 절벽을 오를 수 있다.

곤충잡기 선수

산파랑새는 식물의 씨나 딸기, 곤충을 먹는다. 나뭇가지에 앉아 있다가 쏜살같이 날아가 벌레들을 재빨리 잡거나 낮게 날다가 땅 위의 벌레를 덮친다.

밤의 먹이 사냥

퓨마는 밤에 먹이를 잡는다. 먹이에게 살금살금 다가가서 나무나 바위 뒤에 숨어 있다가 갑자기 덮친다. 길고 날카로운 발톱으로 먹이를 붙잡고 목을 물어뜯어 죽인다.

흰꼬리뇌조
Lagopus leucurus
길이 : 33㎝

산파랑새
Sialia currucoides
길이 : 최고 19㎝

깃털에 덮인 발

흰꼬리뇌조의 발을 덮은 깃털은 발을 따뜻하게 하고, 발이 눈에 빠지지 않게 한다. 봄과 여름의 번식기에는 암컷이 둥지 속에 앉아 있을 때 눈에 잘 띄지 않도록 깃털에 줄무늬가 생긴다. 겨울에는 암컷과 수컷이 모두 흰 눈 위에서 적의 눈에 띄지 않게 흰 털이 난다.

퓨마
Felis concolor
어깨 높이 : 64㎝
몸길이 : 최고 2m

미주리 강 등 많은 북아메리카의 강이 로키 산맥에서 발원한다.

로키 산맥에는 1년에 눈이 60m까지 내리기도 한다.

로키 산맥의 비탈은 전나무와 소나무에 덮여 있다.

와피티
Cervus elaphus
어깨 높이 : 1.6m
뿔 길이 : 최고 1.5m

멋진 뿔

와피티는 사슴의 일종이다. 가을 번식기가 되면 수컷들은 뿔로 싸워 이긴 쪽이 암컷을 차지한다. 수컷의 뿔은 무게가 11kg이나 된다. '와피티'는 '흰색'이라는 아메리카 인디언의 말에서 생겼는데, 엉덩이가 희기 때문이다.

서부 사막 지대

Western Deserts

미국 남서부와 멕시코 북부에 돌이 많은 사막 지대가 넓게 펼쳐져 있다. 가장 큰 것은 그레이트베이슨(대분지)이다. 이 사막은 동쪽의 로키 산맥과 서쪽의 시에라네바다 산맥 사이에 끼여 있다. 남쪽에는 모하비 사막이 있다. 이 두 사막 사이에는 세계에서 가장 더운 데스밸리(죽음의 계곡)가 있고, 모하비 사막 남쪽에는 거대한 서과로선인장으로 유명한 소노라 사막이 있다. 사막에서는 많은 동물이 먹이에서 얻는 얼마 안 되는 수분으로 살아간다. 어떤 동물은 물을 전혀 마시지 않고도 살 수 있다. 대부분의 동물이 낮에는 굴속에 있다가 비교적 기온이 낮고 습도가 높은 밤에 움직인다.

경고하는 방울 소리

독이 있는 앞니로 작은 동물들을 물어 잡아먹는 악질방울뱀은 다른 동물로부터 위협을 느끼면 꼬리 끝에 있는 '방울'을 흔들어 소리를 내서 쫓아버린다. 방울은 딱딱한 피부마디들이 연결되어 있어 움직이면 서로 마찰되어 소리가 난다. 마디는 뱀이 허물을 벗을 때마다 하나씩 늘어난다.

악질방울뱀
Crotalus atrox
길이 : 최고 2.3m

사막호랑나비
Papilio coloro
편 두 날개 길이 : 최고 7㎝

긴 꼬리

사막의 좁은 골짜기에서 사는 사막호랑나비는 뒷날개 뒤에 제비 꼬리 같은 것이 길게 나 있다. 비가 내린 뒤에만 알을 낳는다. 애벌레는 위험을 느끼면 적을 쫓아버리기 위해서 악취를 뿜는다.

안테나 귀

키트여우는 북아메리카에서 가장 작은 여우이다. 밤에 도마뱀 같은 작은 동물을 사냥하는데, 커다란 귀를 안테나처럼 사용해 먹이를 찾는다. 먹이가 은신처로 숨기 전에 빨리 달려가 덮친다.

키트여우
Vulpes macrotis
몸길이 : 최고 55㎝
꼬리 길이 : 최고 29㎝

악취로 자기 보호

얼룩스컹크는 적에게 고약한 냄새가 나는 액체를 뿜어 자신을 보호한다. 주로 적의 눈을 겨냥해 항문에 있는 분비선에서 액체를 뿜어내는데, 4m 가량 떨어져 있는 목표물도 정확히 맞힐 수 있다. 액체를 뿜기 전에 희고 검은 털을 과시하려고 물구나무서기를 한다. 그런데도 적이 물러서지 않으면 액체를 뿜는다. 주로 밤에 사냥을 하고, 작은 동물, 새들의 알, 곤충, 나무 열매 따위를 먹는다.

얼룩스컹크
Spilogale putorius
몸길이 : 최고 35㎝
꼬리 길이 : 최고 22㎝

선인장굴뚝새
Campylorhynchus brunneicapillus
길이 : 최고 21㎝

가시에 덮인 요새

선인장굴뚝새는 새끼들을 보호하기 위해서 선인장 가시들 속이나 가시덤불 속에 커다랗고 둥근 둥지를 튼다. 튼튼한 깃털과 다리의 단단한 비늘은 가시로부터 몸을 보호한다. 여러 개의 둥지를 틀어 겨울을 난다.

큰도로경주뻐꾸기
Geococcyx californianus
몸길이 : 최고 60㎝
꼬리 길이 : 30㎝

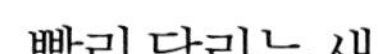

빨리 달리는 새

땅 위에서 사는 큰도로경주뻐꾸기는 좀처럼 날지 않는다. 다리 힘이 세서 시속 24㎞로 달릴 수 있다. 긴 꼬리로 속도를 줄이거나 멈추고, 방향을 바꾼다. 갑자기 방향을 바꾸거나 정지할 수 있다. 힘이 아주 세서 날카로운 부리로 뱀을 단번에 물어 죽일 수 있다.

사막땅거북
Gopherus agassizi
등껍질 길이 : 최고 35㎝

갑옷으로 몸을 보호

사막땅거북은 단단한 껍질로 강한 햇볕과 적으로부터 몸을 보호한다. 머리와 다리를 껍질 속으로 넣으면 여우나 살쾡이 같은 적들도 잡아먹을 수 없다. 평평한 앞발로 땅 속에 굴을 판다.

선인장딱따구리
Melanerpes uropygialis
길이 : 20㎝

일광욕

목걸이도마뱀은 밤에는 바위틈에 숨어 있다가 아침 일찍 햇볕을 쬐러 나온다. 아래 그림처럼 수컷은 암컷보다 색깔이 화려하다. 수정란을 가진 암컷은 옆구리에 밝은 색의 무늬가 나타난다.

시원한 둥지

선인장딱따구리는 커다란 서과로 선인장의 줄기 속을 파내고 그곳에 둥지를 튼다. 선인장 속은 서늘하고, 선인장의 날카로운 가시가 둥지를 보호한다. 둥지를 버리면 선인장올빼미 같은 다른 작은 새가 차지한다.

검은꼬리잭토끼
Lepus californicus
몸길이 : 최고 53㎝
귀 길이 : 최고 20㎝

달리기 선수

검은꼬리잭토끼는 뒷다리가 아주 튼튼해서 시속 최고 56㎞로 사막을 뛰어 코요테 같은 적들로부터 도망친다. 큰 귀는 위험이 다가오는 소리를 잘 듣고, 몸의 열을 발산하여 몸을 시원하게 한다.

목걸이도마뱀
Crotaphytus collaris
길이 : 최고 35㎝

사막의 거미

사막독거미는 낮에는 돌 아래나 구멍 속에 있다가 새벽이나 저녁에 나가서 먹이를 잡거나 짝을 찾는다. 독이 있기는 하지만 벌의 독보다 약하고, 사람에게 덤벼드는 경우는 거의 없다.

사막독거미(타란툴라)
Aphonopelma chalcodes
길이 : 최고 7㎝

뚱뚱한 꼬리

아메리카독도마뱀은 꼬리에 지방을 저장했다가 먹이가 없을 때 이 지방에서 에너지를 얻는다. 피부색과 무늬는 독을 가지고 있음을 적에게 알린다. 독은 아래턱에서 만들며, 먹이를 물면 이 독이 먹이의 몸으로 들어간다.

아메리카독도마뱀
Heloderma suspectum
길이 : 최고 60㎝

에버글레이즈 *The Everglades*

아열대의 습지로 이루어진 에버글레이즈 국립공원은 미국 플로리다 주 남부를 5,490㎢나 차지한다. 풀이 습지의 대부분을 덮고 있고, 많은 수로가 거미줄처럼 나 있으며, 여기저기에 나무가 있는 섬들이 있다. 습도가 높은 여름에는 물이 불어 동물들이 온 공원을 마음껏 돌아다닐 수 있지만, 건조한 겨울에는 물이 줄어 몇 안 되는 물웅덩이 주위로 모여든다. 곤충과 물고기, 파충류, 조류를 비롯해 플로리다퓨마, 카리브해매너티 등 많은 희귀 동물이 이곳에서 살고 있다.

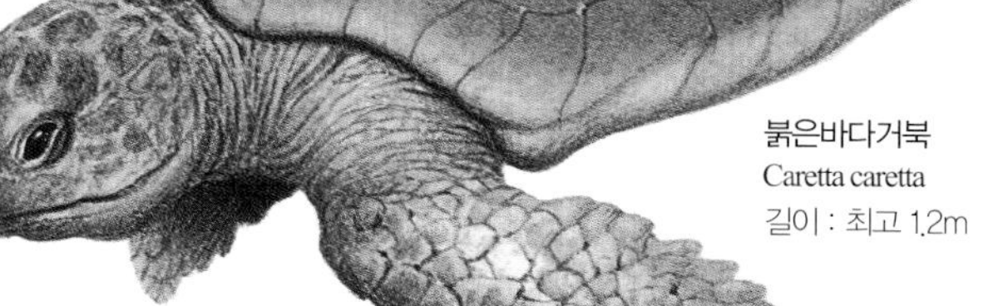

붉은바다거북
Caretta caretta
길이 : 최고 1.2m

위험한 여행

붉은바다거북 암컷은 밤에 바닷가 모래밭을 기어 올라가 모래에 구멍을 파고 백 개 이상의 알을 낳은 뒤 모래로 덮고 바다로 돌아간다. 8주 뒤 알들이 부화해 태어난 새끼거북들은 태어나자마자 바다를 향해 힘껏 기어간다. 그러나 바다에 이르기 전에 갈매기, 도둑갈매기 등 바닷새들에게 대부분 잡아먹힌다.

에버글레이드솔개
Rostrhamus sociabilis
길이 : 최고 46㎝
편 두 날개 길이 : 1.2m

미시시피악어
Alligator mississippiensis
길이 : 최고 3.6m

미국독나비
Heliconius charitonius
편 두 날개 길이 : 최고 8.5㎝

독이 있는 나비

미국독나비의 애벌레는 독이 되는 시계꽃풀의 덩굴을 먹고 자란다. 애벌레의 몸에 들어간 독은 나비가 되어도 없어지지 않아 적으로부터 몸을 보호한다.

구멍 파고 사냥

미시시피악어는 늪지대 바닥에 커다란 구멍을 파 놓는다. 건기가 되어 늪이 말라도 이 구멍에는 물이 차 있다. 바다거북, 동갈치 등이 물을 찾아 이곳으로 몰려오기 때문에 미시시피악어는 먹이 걱정이 없다.

'해먹' 이라는 나무가 우거진 섬이 수면 위로 나와 있다.

오직 달팽이만을

'달팽이 솔개' 라고 불리는 에버글레이드솔개는 민물에서 사는 달팽이만을 먹고 산다. 부리가 갈고리처럼 휘어져 있어 달팽이의 껍데기를 깨지 않고도 달팽이를 꺼내 먹을 수 있다. 넓은 지역에 걸쳐 둥지를 틀고, 떼를 지어 다니며 먹이를 찾는다.

열을 느끼는 작은 구멍

늪살모사는 밤에 사냥을 한다. 다른 살모사과의 뱀들과 마찬가지로 얼굴에 있는 '피트' 라는 두 개의 작은 구멍으로 열을 느낀다. 어둠 속에서 작은 동물이나 새의 체온을 감지해 쫓아가서 독니로 물어 죽인다.

뛰어난 다이빙

갈색사다새는 멋진 다이빙으로 바닷속에 들어가 부리 아래에 달린 커다란 주머니에 물고기와 물을 가득 담아 가지고 나온다. 주머니에 담는 물의 무게는 몸무게의 두 배나 된다. 물고기 한 마리를 잡는 데 2초가 채 안 걸린다.

갈색사다새
Pelecanus occidentalis
길이 : 최고 1.3m
편 두 날개 길이 : 2.5m

늪살모사
Agkistrodon piscivorus
길이 : 최고 1.8m

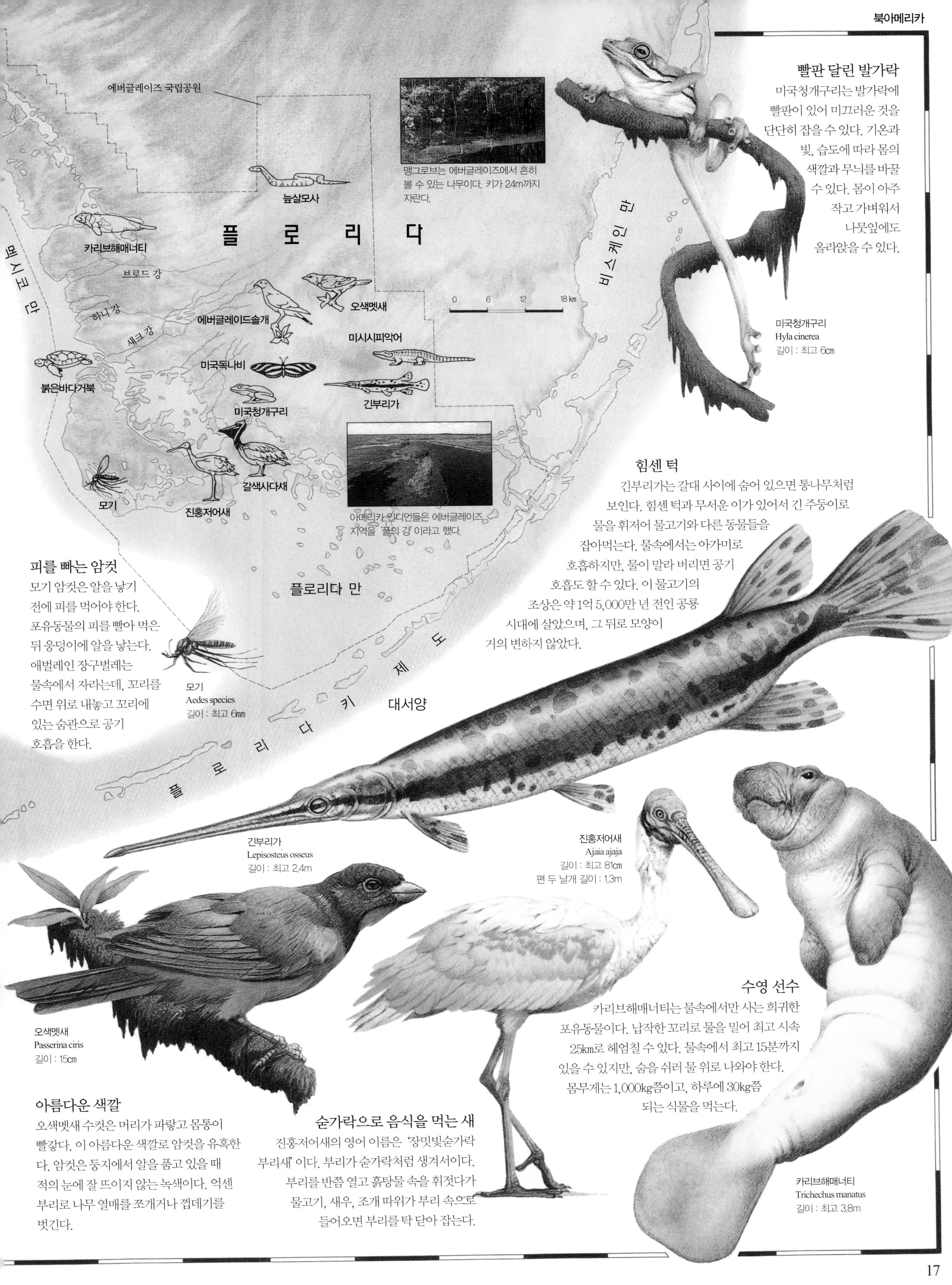

맹그로브는 에버글레이즈에서 흔히 볼 수 있는 나무이다. 키가 24m까지 자란다.

아메리카 인디언들은 에버글레이즈 지역을 '풀의 강'이라고 했다.

빨판 달린 발가락

미국청개구리는 발가락에 빨판이 있어 미끄러운 것을 단단히 잡을 수 있다. 기온과 빛, 습도에 따라 몸의 색깔과 무늬를 바꿀 수 있다. 몸이 아주 작고 가벼워서 나뭇잎에도 올라앉을 수 있다.

미국청개구리
Hyla cinerea
길이 : 최고 6㎝

힘센 턱

긴부리가는 갈대 사이에 숨어 있으면 통나무처럼 보인다. 힘센 턱과 무서운 이가 있어서 긴 주둥이로 물을 휘저어 물고기와 다른 동물들을 잡아먹는다. 물속에서는 아가미로 호흡하지만, 물이 말라 버리면 공기 호흡도 할 수 있다. 이 물고기의 조상은 약 1억 5,000만 년 전인 공룡 시대에 살았으며, 그 뒤로 모양이 거의 변하지 않았다.

피를 빠는 암컷

모기 암컷은 알을 낳기 전에 피를 먹어야 한다. 포유동물의 피를 빨아 먹은 뒤 웅덩이에 알을 낳는다. 애벌레인 장구벌레는 물속에서 자라는데, 꼬리를 수면 위로 내놓고 꼬리에 있는 숨관으로 공기 호흡을 한다.

모기
Aedes species
길이 : 최고 6㎜

긴부리가
Lepisosteus osseus
길이 : 최고 2.4m

진홍저어새
Ajaia ajaja
길이 : 최고 81㎝
편 두 날개 길이 : 1.3m

오색멧새
Passerina ciris
길이 : 15㎝

수영 선수

카리브해매너티는 물속에서만 사는 희귀한 포유동물이다. 납작한 꼬리로 물을 밀어 최고 시속 25㎞로 헤엄칠 수 있다. 물속에서 최고 15분까지 있을 수 있지만, 숨을 쉬러 물 위로 나와야 한다. 몸무게는 1,000kg쯤이고, 하루에 30kg쯤 되는 식물을 먹는다.

아름다운 색깔

오색멧새 수컷은 머리가 파랗고 몸통이 빨갛다. 이 아름다운 색깔로 암컷을 유혹한다. 암컷은 둥지에서 알을 품고 있을 때 적의 눈에 잘 뜨이지 않는 녹색이다. 억센 부리로 나무 열매를 쪼개거나 껍데기를 벗긴다.

숟가락으로 음식을 먹는 새

진홍저어새의 영어 이름은 '장밋빛숟가락부리새'이다. 부리가 숟가락처럼 생겨서이다. 부리를 반쯤 열고 흙탕물 속을 휘젓다가 물고기, 새우, 조개 따위가 부리 속으로 들어오면 부리를 탁 닫아 잡는다.

카리브해매너티
Trichechus manatus
길이 : 최고 3.8m

중앙아메리카

Middle America

중앙아메리카와 카리브 해의 섬들에는 많은 종류의 야생 동물이 산다. 해안의 맹그로브 습지부터 내륙의 초원과 열대 우림까지 다양한 서식지가 있다. 이 지역은 일 년 내내 따뜻하지만, 여름과 가을에는 거센 폭풍이 몰려온다. 중앙아메리카는 남북아메리카를 오가는 동물들의 다리 역학을 한다. 카리브 해의 섬들은 바다가 가로막아 동물들이 이동할 수 없기 때문에 적이나 경쟁 상대가 거의 없어 솔레노돈 같은 진기한 동물들이 진화했다.

공중 곡예사

킨카주는 나무 꼭대기에서 꼬리로 나뭇가지를 붙잡고 곡예사처럼 흔들거리며 하루의 대부분을 보낸다. '꿀곰' 이라고도 하는데, 벌집에서 자주 꿀을 핥아 먹기 때문이다.

자메이카 섬의 고지는 초목으로 두텁게 덮여 있다.

킨카주
Potos flavus
몸길이 : 최고 57㎝
꼬리 길이 : 최고 57㎝

흡혈귀

흡혈박쥐는 면도날처럼 날카로운 앞니로 포유동물의 피부를 물어 상처에서 흘러나오는 피를 핥아 먹는다. 동물이 죽을 만큼 피를 많이 먹지는 않지만, 침으로 광견병 같은 병을 옮긴다.

흡혈박쥐
Desmodus rotundus
길이 : 최고 9㎝
편 두 날개 길이 : 최고 18㎝

청개구리사촌
Centrolenella vireovittata
길이 : 최고 3㎝

투명한 개구리

청개구리사촌의 영어 이름은 '유리 개구리'이다. 배의 피부가 투명하기 때문이다. 열대 우림에서 살며, 개울 위로 뻗은 식물의 잎에 알을 낳는다. 부화될 때까지 주로 수컷이 알을 지킨다. 알에서 나온 올챙이는 물로 떨어져 개구리가 될 때까지 물속에서 산다.

가장 작은 새

쿠바에 사는 꿀벌새는 세계에서 가장 작은 새이다. 1초에 30~80번쯤 날개를 빨리 쳐서 벌이 내는 날개 소리와 비슷한 소리를 낸다. 꽃의 꿀을 빨아 먹고 사는데, 아주 빨리 날기 때문에 힘이 금세 빠진다.

꿀벌새
Mellisuga helenae
길이 : 6㎝

무서운 독

풀살모사는 아주 사나운 뱀이다. 공격이 빠르고 독이 강하다. 몸을 마비시키는 독을 먹이의 몸에 뿜어 넣는다. 땅에 쌓인 나뭇잎과 섞여 있으면 피부 무늬가 비슷해서 알아보기가 힘들다.

풀살모사
Bothrops atrox
길이 : 최고 2m

큰턱개미
Acanthognathus teledectus
길이 : 3㎜

올가미 턱

큰턱개미는 큰 턱으로 사냥을 하거나 물건을 나른다. 위 그림은 번데기를 나르는 모습인데, 이 번데기 속에서 아기개미가 자라고 있다.

점박이 무늬 고양이

숲이 파괴되고, 모피를 얻으려는 사람들이 마구잡이로 사냥하면서 오셀롯의 수가 많이 줄어들었다. 오셀롯의 무늬는 한 마리 한 마리가 다 다르다. 나무에 잘 기어오르고, 수영도 잘 한다. 밤에 새, 뱀, 작은 포유동물을 잡아먹는다.

희귀한 동물

고슴도치과에 속하는 쿠바솔레노돈은 쿠바 섬에서만 볼 수 있는 희귀 동물이다. 번식 속도가 느리고, 사람들이 쿠바 섬으로 들여온 몽구스(사향고양잇과의 작은 육식동물) 같은 새로운 종류의 동물로부터 위협을 받아 멸종 위기에 놓여 있다.

신성한 새

옛날 중앙아메리카에서 살던 사람들은 찬란한 장식비단날개새를 하늘의 신으로 숭배했다. 종교 의식에 수컷의 긴 꼬리 깃털을 사용했다. 꼬리 깃털은 번식기가 지나면 빠지고, 다음 해에 새로 생긴다.

소리가 가장 큰 육지 동물

붉은울음원숭이 수컷은 육지에서 사는 동물 가운데 가장 큰 소리를 낸다. 경쟁 상대가 되는 원숭이가 자기의 영역에 오지 못하게 소리치고 으르렁거린다. 소리를 내는 기관이 커서 3㎞나 떨어진 곳에서도 들을 수 있다.

반짝이는 앞날개

등을 덮고 있는 금빛풍뎅이의 앞날개는 빛을 반사해 번쩍거린다. 번쩍거리는 빛 때문에 적이 잘 알아보지 못한다.

섬들은 대부분 바다 밑에서 화산이 폭발하여 생겼다. 지금도 활화산이 있다.

편리한 발

성빈센트앵무새는 카리브 해의 세인트빈센트 섬에서만 산다. 네 개의 발가락 중 두 개는 앞쪽으로, 다른 두 개는 뒤쪽으로 뻗어 있어서 나뭇가지를 움켜잡기에 좋고, 발을 손처럼 사용할 수 있다. 이 새들은 왼발잡이이거나 오른발잡이이다.

구부러진 부리

성성이따오기는 구부러진 긴 부리로 진흙 속에서 벌레, 갑각류 동물, 개구리, 물고기 등을 찾아낸다. 떼를 지어 다니며 먹이를 찾고, 주로 나무 위나 물로 둘러싸인 곳에 둥지를 튼다. 안전하기 때문이다. 트리니다드 섬은 이 새들의 대표적인 서식지이다.

카리브 해의 섬들에는 모래가 펼쳐진 아름다운 해변이 많아 휴양지로 유명하다.

갈라파고스 제도 The Galapagos

남아메리카에서 서쪽으로 약 1,000㎞ 떨어진 갈라파고스 제도에는 진기한 동물들이 많다. 오랜 옛날, 이구아나, 갈라파고스황소거북 같은 파충류와 조류가 아메리카 대륙에서 헤엄치거나 날아와 이 섬들에 이르렀다. '갈라파고스'는 에스파냐 말로 '거북'이라는 뜻이다. 1835년, 영국의 박물학자인 찰스 다윈은 이곳에서 같은 종류의 동물이라도 각각 다른 섬에서 살면 생김새가 조금씩 달라진다는 사실을 발견하고, 이를 바탕으로 진화론을 발전시켰다.

쓸모없는 날개

갈라파고스민물가마우지도 날아서 갈라파고스 제도로 왔지만 이 섬에서는 피해 달아나야 할 적이 없었기 때문에 비행 능력을 잃어 버렸다. 날개가 나는 데 필요한 크기의 3분의 1밖에 안 된다. 물속으로 들어가 물고기를 잡아먹고, 물에서 나오면 날개를 햇볕에 말린다.

갈라파고스민물가마우지
Nannopterum harrisi
길이 : 1m

갈라파고스 제도는 바닷속에서 화산이 폭발해 생겼다. 그래서 이 섬들은 용암으로 이루어졌다.

갈라파고스 제도의 작은 섬들에는 대부분 물이 없어 식물이 거의 살지 못한다.

선인장은 용암 벌판에서 사는 몇 안 되는 식물 중 하나이다.

갈라파고스이구아나
Conolophus subcristatus
길이 : 1m 이상

게
Grapsus grapsus
등딱지 나비 : 15㎝

걱정 없는 걸음걸이

많은 게들이 갈라파고스 제도의 바위에 덮인 해안에서 살고 있다. 자라면서 몇 번 탈피(껍질을 벗는 것)를 하는데, 그때마다 더 큰 껍질이 생긴다. 자기의 발에 걸려 넘어지지 않도록 걸을 때는 옆으로 걷는다. 앞다리는 먹이를 잡을 수 있는 한 쌍의 집게다리로 변했다.

수컷들의 싸움

짝짓기 때가 되면 갈라파고스이구아나 수컷은 다른 수컷들로부터 영역을 지킨다. 경쟁자가 가까이 오면 경고의 의미로 머리를 까딱거린다. 그래도 들어오면 싸움이 시작된다. 강한 이로 서로 물어뜯지만, 상대를 죽이는 경우는 거의 없다. 약한 쪽이 스스로 물러간다.

바다의 도마뱀

바다이구아나는 세계에서 유일하게 바다에서 헤엄치며 먹이를 얻는 도마뱀이다. 주둥이가 짧아 바닷속 바위에 붙어 있는 해초를 뜯어먹기 좋다. 튼튼한 발톱으로는 미끄러운 바위를 잘 붙잡는다.

바다이구아나
Amblyrhynchus cristatus
길이 : 1m 이상

도구를 사용하는 새

딱따구리핀치는 나무껍질 속이나 나무줄기 속에 있는 애벌레들을 파낼 때 작은 나뭇가지나 선인장의 가시를 사용한다. 나뭇가지를 적당한 길이로 부러뜨려 직접 도구를 만들기도 한다.

딱따구리핀치
Camarhynchus pallidus
길이 : 15㎝

하늘의 해적

군함조의 영어 이름은 '프리깃 새' 이다. 해적들이 즐겨 사용한 전함인 '프리깃 함' 에서 딴 이름이다. 다른 새가 먹이를 물고 날아가는 것을 보면 쫓아가서 강제로 떨어뜨리게 한다. 그리고 떨어지는 먹이를 따라 내려가 공중에서 낚아챈다. 짝짓기 때가 되면 수컷은 암컷을 꾀려고 목에 있는 붉은색 주머니를 한껏 부풀린다.

푸른발부비새
Sula nebouxii
길이 : 86㎝
편 두 날개 길이 : 최고 1.7m

광대춤

푸른발부비새는 짝을 구할 때 발을 올렸다 내렸다 하며 우스꽝스럽게 춤을 춘다. '부비' 는 에스파냐 말인 '보보' 에서 땄는데, '광대' 라는 뜻이다. 길고 톱날처럼 생긴 부리로 물고기를 잡아먹고 산다. 아주 높은 곳에서 바닷속으로 곤두박질하여 물고기를 잡는다.

미국군함조
Fregata magnificens
길이 : 1m
편 두 날개 길이 : 최고 2.4m

두꺼운 모피

갈라파고스물개는 긴 털 속에 부드러운 짧은 털이 나 있다. 사람들이 이 모피로 코트를 만들려고 사냥을 하여 멸종되다시피 했지만, 지금은 보호되어 수가 늘고 있다.

갈라파고스물개
Arctocephalus galapagoensis
길이 : 최고 1.8m

적도 근처에서 사는 펭귄

갈라파고스펭귄은 적도 근처에서 사는 유일한 펭귄이다. 다른 펭귄들은 모두 남극에서 산다. 갈라파고스 제도 곁을 흐르는 해류가 남극의 차가운 바닷물을 날라 오기 때문에 살 수 있다.

파리잡이

진홍타이란새는 종종 갈라파고스황소거북의 등에 앉아 있다가 거북이가 발로 파리를 쫓으면 낚아챈다. 수컷은 암컷을 유혹할 때 밝은 붉은색 깃털을 뽐내며 높이 난다.

진홍타이란새
Pyrocephalus rubinus
길이 : 15㎝

갈라파고스펭귄
Spheniscus mendiculus
키 : 53㎝

커다란 등딱지

갈라파고스 제도의 섬들에는 각각 다른 종류의 갈라파고스황소거북이 있다. 서식지와 먹이에 따라 등딱지의 모양이 조금씩 달라졌다. 이 거북이들이 갈라파고스 제도에서 살 수 있는 것은 오랫동안 먹이나 물을 먹지 않아도 견딜 수 있고, 거친 땅 위에서도 쉽게 이동할 수 있기 때문이다. 100년 이상 살 수 있다.

푸른발부비새
에스파뇰라 섬

갈라파고스황소거북
Geochelone elephantopus
등딱지 길이 : 1.2m

안데스 산맥
The Andes

세계에서 가장 길고 가장 나중에 이루어진 산맥인 안데스 산맥은 북쪽의 카리브 해부터 남쪽의 혼 곶까지 뻗어 있다. 산맥에 있는 많은 산이 화산인데, 그 중에는 활화산도 있다. 산봉우리들 아래에는 호수가 있는 고원이 있고, 고원의 동쪽은 팜파스 초원과 아마존 분지를 향해 완만하게 경사져 있다. 안데스 산맥에서 사는 동물들은 고지의 희박한 공기 속에서 살 수 있어야 한다. 밤이 되면 기온이 영하 10℃까지 내려가 비쿠나, 알파카 같은 동물들은 두꺼운 모피로 몸을 따뜻하게 한다.

넓은 날개

안데스콘도르는 날개가 아주 커서 하늘 높이 날아올라 바람을 타고 오랫동안 날 수 있다. 죽은 동물의 고기를 먹는데, 머리와 목에 털이 없어서 죽은 동물의 몸에 머리를 박고 고기를 뜯어먹어도 털이 더러워질 염려가 없다.

안데스콘도르
Vultur gryphus
편 두 날개 길이 : 최고 3m

민꼬리푸두
Pudu mephistophiles
몸길이 : 65㎝

가장 작은 사슴

민꼬리푸두는 아메리카 대륙에서 가장 작은 사슴이다. 높이가 40㎝밖에 안 된다. 산의 외진 낮은 곳에서 살고, 조심성이 많아 관찰하기가 어렵다. 작은 무리를 지어 나뭇잎과 새싹, 열매 등을 먹고 산다.

휘파람 신호

비쿠나는 작은 가족 단위로 산다. 어른 수컷 한 마리가 가족을 적들로부터 지킨다. 위험이 다가오면 크게 휘파람 소리를 내어 암컷들과 새끼들을 피신시킨다. 시속 최고 47㎞로 먼 거리를 달릴 수 있다.

땅굴 파는 새

바위티런새는 땅 속에 긴 굴을 파고 그 끝에 둥지를 튼다. 부리를 곡괭이처럼 사용하고, 날카로운 발톱으로 흙을 헤친다. 긴 다리로 산비탈을 빨리 달리며, 땅 위의 곤충을 잡아먹는다.

바위티런새
Muscisaxicola macloviana
길이 : 15㎝
편 두 날개 길이 : 21㎝

비쿠나
Vicugna vicugna
어깨 높이 : 최고 1m
몸길이 : 최고 1.6m

다윈코개구리
Rhinoderma darwinii
길이 : 최고 3.5㎝

목구멍 주머니에 새끼들을

다윈코개구리 수컷은 올챙이들을 보호하기 위해 목구멍에 있는 커다란 주머니에 넣고 다닌다. 올챙이들을 넣고 다니는 동안 이 개구리는 작은 소리밖에 낼 수 없다. 3주쯤 지나 작은 개구리로 자란 새끼들을 토해 낸다. 암컷은 새끼들을 기르는 데 아무 일도 안 한다.

편리한 코

산에서 사는 산테이퍼는 코와 윗입술이 합쳐져서 짧은 파이프처럼 되었다. 이 기관으로 숨을 쉬고, 나뭇잎을 딸 때 손처럼 쓰기도 한다. 재규어 같은 포식자가 좋아하는 먹잇감이라 항상 경계해야 한다.

산테이퍼
Tapirus pinchaque
몸길이 : 2m

안데스 산맥에는 6,000m가 넘는 산이 50개나 있다.

많은 종류의 새와 동물들이 티티카카 호 둘레의 풀숲에 살면서 호수에서 먹이를 잡아먹는다.

안데스 산맥에는 파리나코타 산 같은 활화산이 많다.

가장 큰 벌새

큰벌새는 세계에서 가장 큰 벌새이다. 산 속의 추운 밤에 체온을 유지하는 데 필요한 에너지의 소모를 줄이기 위해 몸이 얼기 직전까지 체온이 내려간다.

큰벌새
Patagona gigas
길이 : 21㎝

부리로 조각

안데스딱따구리는 단단한 부리로 '푸야' 라는 식물의 가시 돋은 잎에 보금자리로 쓸 구멍을 조각한다. 발가락이 넷 있는데, 둘은 앞쪽으로, 둘은 뒤쪽으로 뻗어서 나무를 기어오르기에 좋다. 발톱은 나뭇가지를 꽉 잡기에 좋도록 구부러져 있다.

안데스딱따구리
Colaptes rupicola
길이 : 30㎝

부드럽고 두꺼운 모피

안데스 산맥 높은 곳의 굴속이나 바위틈에 집을 짓고 사는 친칠라는 추위를 막는 부드럽고 두꺼운 모피 코트를 입고 있다. 사람들이 이 모피 때문에 많이 죽여 지금은 희귀 동물이 되었다.

친칠라
Chinchilla laniger
몸길이 : 최고 38㎝
꼬리 길이 : 최고 15㎝

여러 가지 안경

안경곰은 눈 둘레에 하얀 무늬가 있어 안경을 쓴 것처럼 보인다. 무늬의 모양이 안경곰마다 다르다. 나무에 잘 기어오르는데, 밤에는 나뭇가지들을 모아 나무 위에 대충 집을 만들어 잠잔다.

안경곰
Tremarctos ornatus
어깨 높이 : 75㎝
몸길이 : 최고 2m

폭포 오리

산오리는 안데스 산맥의 물살이 빠른 강에서 먹이를 잡아먹으며 산다. 날카로운 발톱으로 미끈미끈한 돌을 꽉 붙잡기도 하고, 빳빳한 꼬리로 방향을 잡으며 급류를 헤치고 나아간다. 몸이 유선형이어서 물속에 들어가 헤엄치며 먹이를 찾기에 좋다.

산오리
Merganetta armata
길이 : 43㎝

털북숭이 낙타

땅에 닿을 만큼 부드럽고 긴 털에 덮여 있는 알파카는 낙타의 친척이다. 사람들은 알파카를 가축으로 길러 털을 깎아 옷을 만든다. 한 마리의 털 무게는 3kg쯤 된다.

알파카
Lama pacos
어깨 높이 : 1.2m

아마존 열대 우림

Amazon Rainforest

한반도의 30배가 넘는 면적 7,000,000㎢의 아마존 정글은 세계에서 가장 큰 열대 우림이다. 남아메리카 대륙을 가로질러 6,450㎞를 흐르는 아마존 강의 넓은 유역에 이루어져 있는 이곳은 일 년 내내 기온과 습도가 높다. 세계 어느 곳보다 많은 야생 동물이 살고 있다. 거미원숭이 같은 동물은 나뭇가지를 붙잡는 꼬리와 긴 발톱이 있어 나뭇가지 사이를 건너다닌다. 날개 같은 피부가 있어 나뭇가지에서 다른 나뭇가지로 날아다닐 수 있는 동물도 있다. 앵무새 같은 새들은 빽빽한 나무들 사이에서 날기 쉽도록 날개의 길이가 짧고 폭이 크다. 땅에도 긴 코나 날카로운 발톱으로 먹이를 찾는 동물이 많다.

빛을 반사하는 날개

모르포나비 수컷은 날개의 비늘이 빛을 반사한다. 날개를 펄럭이면 색깔이 변한다. 액세서리나 장식품을 만드는 데 쓰려고 수집하는 사람들이 많아 멸종 위기에 놓여 있다.

모르포나비
Morpho rhetenor
편 두 날개 길이 : 최고 18㎝

토코큰부리새
Ramphastos toco
길이 : 60㎝
부리 길이 : 25㎝

가장 큰 부리

토코큰부리새는 큰부리새 중에서 부리가 가장 크다. 속이 비어 있고, 가느다란 뼈들이 겉을 받치고 있어 보기보다 가볍다. 부리가 길어서 아주 가느다란 나뭇가지에 달린 열매도 따 먹을 수 있다.

물속에 숨어 있는 위험

악어의 일종인 안경카이만은 물속에서 코와 눈만 물 위로 내놓고 숨어 있다가 동물들이 물을 마시러 오면 날카로운 이로 재빨리 물어 익사시킨다.

안경카이만
Caiman crocodylus
꼬리를 합친 길이 : 최고 4.5m

호아친
Opisthocomus hoatzin
길이 : 최고 66㎝

공중 곡예

제프로이거미원숭이는 꼬리를 손이나 발처럼 사용하여 나무와 나무 사이를 10m 이상 건너뛸 수 있다. 이 꼬리는 물체를 감아 잡을 수도 있다. 꼬리 아래에 피부가 털진 부분이 있어서 나뭇가지를 꽉 잡을 수 있다.

아마존 열대 우림의 가장 높은 지역에는 1년에 평균 3,050㎜의 비가 내린다.

힘이 약한 날개

호아친은 날개 근육이 아주 약해서 100m만 날아가도 떨어지다시피 내려 앉아 쉰다. 나무에 기어오를 때는 날개와 꼬리가 몸을 받쳐 준다. 어린 호아친은 날개에 작은 발톱 같은 것이 있어서 나무에 기어오를 때 도움이 된다.

제프로이거미원숭이
Ateles geoffroyi
몸길이 : 최고 60㎝
꼬리 길이 : 최고 90㎝

얼룩무늬 고양이

재규어는 남아메리카에서 가장 큰 고양이이다. 표범과 달리 얼룩무늬마다 안쪽에 검은 반점이 있다. 이 모피 덕분에 숲 속에서 먹이에게 들키지 않고 다가갈 수 있다.

재규어
Panthera onca
어깨 높이 : 71㎝
몸길이 : 최고 1.7m

죽음의 포옹

에메랄드나무보아는 독이 없는 대신 먹이를 칭칭 감아 죄어 죽인다. 이 뱀은 나뭇잎과 나뭇가지 사이에서 위장을 잘 한다. 피부가 밝은 녹색이어서 부채머리독수리 같은 적에게 드러나지 않고, 먹이가 눈치채기 전에 가까이 가서 공격할 수도 있다.

호두 까는 부리

진홍앵무는 남아메리카에서 가장 큰 앵무새이다. 꼬리도 가장 길다. 갈고리처럼 구부러진 단단한 부리는 가위처럼 날이 서 있어 브라질너트의 단단한 껍데기를 쪼갤 수 있다. 발을 손처럼 사용해 먹이를 집어 입으로 가져가기도 한다.

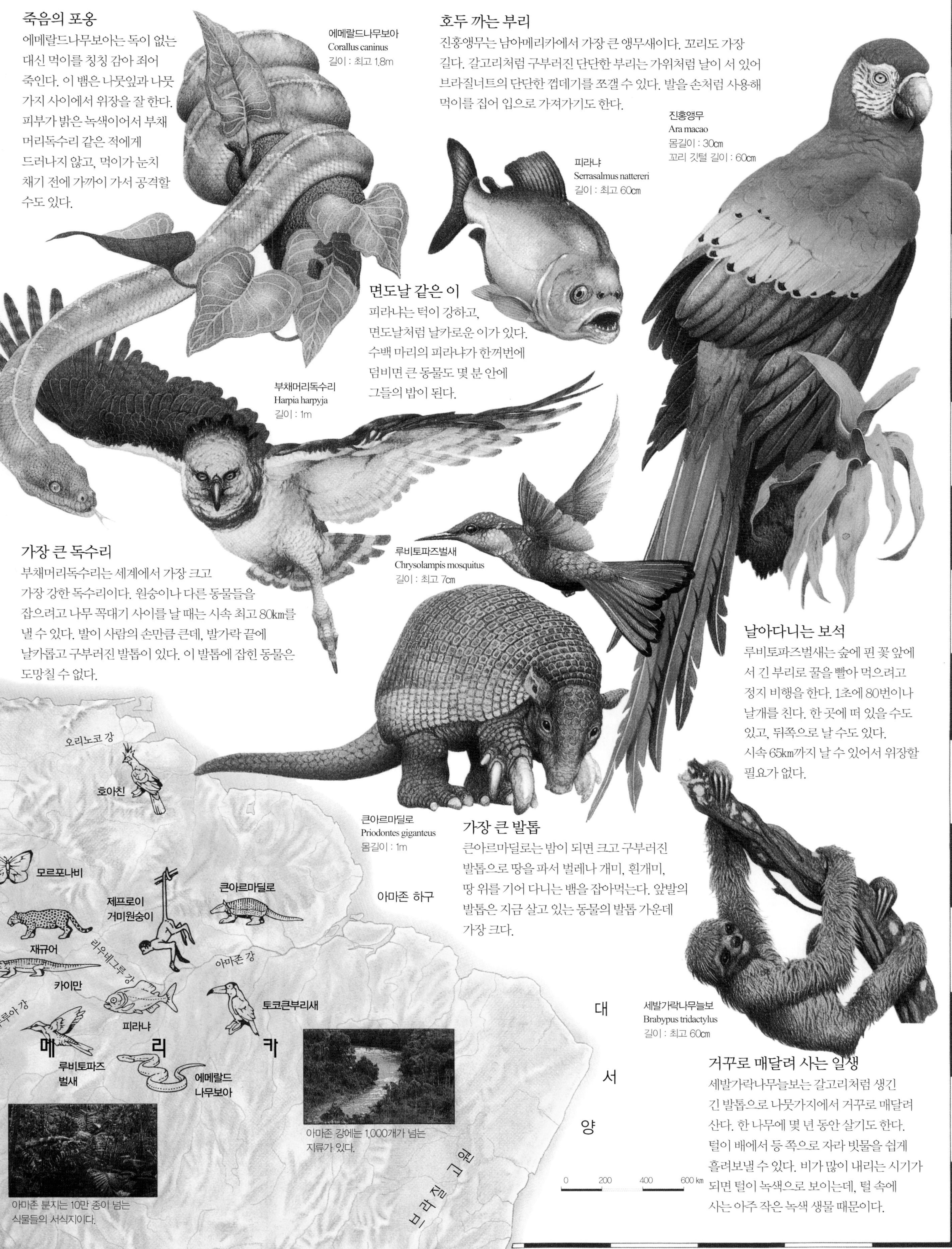

면도날 같은 이

피라냐는 턱이 강하고, 면도날처럼 날카로운 이가 있다. 수백 마리의 피라냐가 한꺼번에 덤비면 큰 동물도 몇 분 안에 그들의 밥이 된다.

가장 큰 독수리

부채머리독수리는 세계에서 가장 크고 가장 강한 독수리이다. 원숭이나 다른 동물들을 잡으려고 나무 꼭대기 사이를 날 때는 시속 최고 80㎞를 낼 수 있다. 발이 사람의 손만큼 큰데, 발가락 끝에 날카롭고 구부러진 발톱이 있다. 이 발톱에 잡힌 동물은 도망칠 수 없다.

날아다니는 보석

루비토파즈벌새는 숲에 핀 꽃 앞에서 긴 부리로 꿀을 빨아 먹으려고 정지 비행을 한다. 1초에 80번이나 날개를 친다. 한 곳에 떠 있을 수도 있고, 뒤쪽으로 날 수도 있다. 시속 65㎞까지 날 수 있어서 위장할 필요가 없다.

가장 큰 발톱

큰아르마딜로는 밤이 되면 크고 구부러진 발톱으로 땅을 파서 벌레나 개미, 흰개미, 땅 위를 기어 다니는 뱀을 잡아먹는다. 앞발의 발톱은 지금 살고 있는 동물의 발톱 가운데 가장 크다.

거꾸로 매달려 사는 일생

세발가락나무늘보는 갈고리처럼 생긴 긴 발톱으로 나뭇가지에서 거꾸로 매달려 산다. 한 나무에 몇 년 동안 살기도 한다. 털이 배에서 등 쪽으로 자라 빗물을 쉽게 흘려보낼 수 있다. 비가 많이 내리는 시기가 되면 털이 녹색으로 보이는데, 털 속에 사는 아주 작은 녹색 생물 때문이다.

아마존 강에는 1,000개가 넘는 지류가 있다.

아마존 분지는 10만 종이 넘는 식물들의 서식지이다.

팜파스 The Pampas

남아메리카의 넓은 초원인 팜파스는 넓이가 777,000㎢에 달한다. 기후가 대체로 건조하여 풀은 우거지지만 나무 같은 큰 식물은 강 유역에만 있다. 높이가 2m에 이르는 흰개미집이 탑처럼 여기저기 세워져 있고, 아르마딜로 같은 동물들이 땅 속에 굴을 파고 산다. 건조한 기후 때문에 자주 일어나는 화재로부터 자신을 지키기 위해서이다. 지금은 사람들이 이곳에 소를 방목하면서 먹이 경쟁이 심해져 많은 동물이 멸종 위기에 놓여 있다.

단거리 선수

큰레아새는 날지 못하는 타조이지만, 시속 50㎞ 이상 달릴 수 있다. 수컷이 새끼들을 기르며 둥지를 지킨다. 둥지 가까이 오는 것은 무엇이든 공격한다.

큰레아새
Rhea americana
키 : 최고 1.5m

멀리뛰기

마라(팜파산토끼)는 위험이 닥치면 긴 뒷다리로 멀리뛰기를 하며 도망친다. 한 번에 2m까지 뛸 수 있다. 토끼처럼 생겼지만, 기니피그에 더 가깝다. 굴속에서 40마리 정도가 무리를 이루고 산다.

마라
Dolichotis patagona
몸길이 : 최고 75㎝

오븐 새

붉은토굴둥지새의 영어 이름은 '오븐 새'이다. 흙으로 만든 둥근 둥지가 오븐(화덕) 같아서이다. 팜파스에는 나무가 거의 없어서 둥지를 말뚝 같은 곳에 만들기도 한다. 암컷은 진흙 덩이를 2,500개까지 날라 둥지를 만든다.

붉은토굴둥지새
Furnarius rufus
길이 : 최고 20㎝

아기아르마딜로
Chlamyphorus truncatus
몸길이 : 최고 15㎝

위협하는 새

카라카라매는 곤충이나 작은 동물을 비롯해 죽은 짐승의 고기도 좋아한다. 때로는 콘도르를 쫓아 대며 위협하여 콘도르가 먹고 있던 죽은 짐승의 고기를 빼앗기도 한다.

희귀한 사슴

팜파스사슴은 팜파스에 남아 있는 얼마 안 되는 대형 초식동물이다. 사냥과 가축 방목으로 먹이 경쟁이 심해져서 지금은 거의 남아 있지 않다. 수컷은 발굽에 분비선이 있어서 1.5㎞ 이상 떨어진 곳에서도 맡을 수 있는 냄새를 풍긴다.

무거운 갑옷

아기아르마딜로는 딱딱한 골질(뼈 같은 물질)의 판으로 된 '갑옷'을 입고 있다. 큰 앞발톱으로 땅 속에 굴을 파는데, 굴속에서 많은 시간을 보내기 때문에 눈이 작고 시력이 나쁘다.

팜파스사슴
Odocoileus bezoarticus
어깨 높이 : 70㎝

비스카차
Lagostomus maximus
몸길이 : 최고 66㎝
꼬리 길이 : 최고 20㎝

카라카라매
Polyborus plancus
길이 : 최고 60㎝

지하 도시

비스카차는 팜파스의 땅 속에 그물처럼 굴을 이리저리 파고 사는 설치류이다. 여러 세대가 같은 굴에서 살기도 하고, 마라, 구멍파기올빼미 같은 다른 동물들이 이 굴에서 살기도 한다. 앞발로 땅을 파고 코로 흙을 밖으로 밀어 내어 굴을 뚫는다. 흙을 팔 때는 흙이 콧구멍 속으로 들어가지 않도록 콧구멍을 닫는다.

팜파스에는 풀이 2.7m까지 자라기도 한다.

팜파스에는 나무나 숲이 없어서 많은 짐승과 새들은 땅 속 굴에 숨어야 한다.

지금 팜파스 대부분이 소를 기르는 방목지가 되었다.

보호색

뿔도요타조는 깃털에 얼룩무늬가 있어 탁 트인 초원에서도 쉽게 눈에 띄지 않는다. 다리가 튼튼해서 짧은 거리를 빨리 달릴 수 있지만 곧 지친다. 잘 날지 못하여 날다가 장애물에 부딪히기도 한다. 땅이 움푹 팬 곳에 밝은 색깔의 알을 낳는다.

뿔도요타조
Eudromia elegans
길이 : 최고 53㎝

다리가 긴 이리

갈기이리는 다리가 길어서 팜파스의 긴 풀들 사이를 쉽게 다닐 수 있다. 적의 위협을 받으면 목과 어깨의 갈기를 곤두세워 더 크고 무섭게 보이도록 한다. 주로 밤에 작은 포유동물이나 새, 파충류, 곤충 등을 잡아먹는다.

갈기이리
Chrysocyon brachyurus
몸길이 : 1.2m
꼬리 길이 : 30㎝

날카로운 발톱

팜파스천축쥐는 애완용으로 기르기도 하는 기니피그의 야생 원종이다. 날카로운 발톱으로 땅에 굴을 잘 파지만, 다른 동물들이 파 놓은 굴속이나 바위 아래에서 사는 것을 더 좋아한다. 작은 무리를 지어 살지만, 살기 좋은 곳에서는 수백 마리가 모여 살기도 한다.

팜파스천축쥐
Cavia aperez
몸길이 : 최고 40㎝

무서운 혀

큰개미핥기는 길고 끈끈한 혀로 개미와 흰개미를 핥아 먹는다. 한 마리가 배불리 먹으려면 한 시간에 40개의 흰개미집을 돌아다녀야 한다. 커다란 발톱으로 흰개미집을 부순다. 일정한 거처 없이 털이 많은 꼬리를 담요처럼 덮고 초원 아무 곳에서나 잔다.

구멍파기올빼미
Speotyto cunicularia
길이 : 20㎝

큰개미핥기
Myrmecophaga tridactyla
몸길이 : 최고 1.2m
꼬리 길이 : 최고 90㎝

낮에 사냥하는 올빼미

다른 올빼미들과는 달리 구멍파기올빼미는 낮에 먹이를 사냥한다. 비스카차가 굴을 파며 밀어 낸 흙더미 위에 앉아 초원에서 움직이는 곤충이나 다른 작은 동물들을 찾는다. 다리가 길어 땅 위를 빨리 달려 먹이를 잡을 수 있다. 땅 속의 굴에서 산다.

침엽수림 지대

Conifer Forests

유럽의 북부, 스코틀랜드와 스칸디나비아에 상록수림이 우거져 있다. 상록수림 남쪽에는 독일의 슈바르츠발트('검은 숲' 이라는 뜻)와 벨기에의 아르덴 같은 작은 크기의 상록수림이 있다. 이런 숲에는 소나무, 가문비나무, 전나무 같은 침엽수(잎이 바늘 같고 방울 열매를 맺는 나무)들이 많다. 이 지역의 겨울은 몹시 춥지만, 침엽수들은 일 년 내내 잎을 지니고 있어서 동물들에게 피난처를 제공한다. 어민족제비(오코조) 같은 동물은 겨울에 흰 털이 나서 눈 속에서 모습이 잘 드러나지 않는다. 토끼박쥐, 유럽불개미 같은 동물은 추위를 피해 겨울 동안 겨울잠을 자고, 물수리 같은 새들은 따뜻한 곳을 찾아 남쪽으로 날아간다.

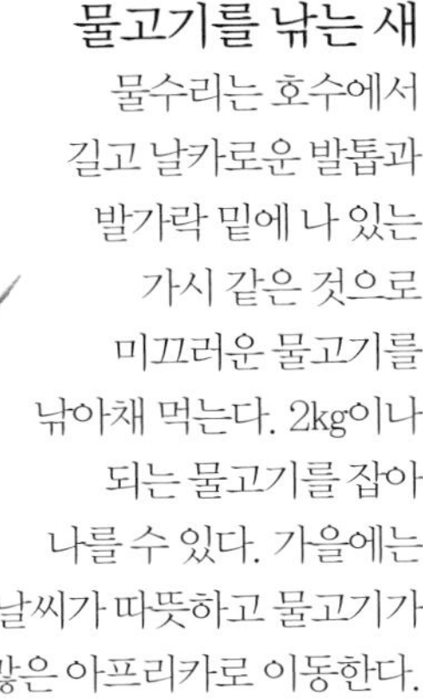

물고기를 낚는 새

물수리는 호수에서 길고 날카로운 발톱과 발가락 밑에 나 있는 가시 같은 것으로 미끄러운 물고기를 낚아채 먹는다. 2kg이나 되는 물고기를 잡아 나를 수 있다. 가을에는 날씨가 따뜻하고 물고기가 많은 아프리카로 이동한다.

물수리
Pandion haliaetus
길이 : 최고 62㎝
편 두 날개 길이 : 최고 1.6m

칡부엉이
Asio otus
길이 : 34㎝
편 두 날개 길이 : 95㎝

길다란 귀

토끼박쥐는 귀의 길이가 몸길이의 4분의 3쯤 된다. 귀가 너무 커서 새끼는 자라서 날 수 있을 때까지 귀를 똑바로 펴지도 못한다. 나방, 파리, 어떤 때는 식물에 붙어 있는 벌레를 낚아채 먹기도 한다. 추운 겨울에는 대개 동굴에서 겨울잠을 잔다.

가짜 귀

칡부엉이의 '귀'는 깃털이 뭉쳐진 것일 뿐이다. 진짜 귀는 머리 옆에 있다. 밤에 밝은 눈과 예민한 귀를 이용해 숲속에 있는 작은 포유동물들을 사냥한다.

땅 속 도시

유럽불개미는 소나무 잎과 다른 식물을 재료로 땅 위에 커다란 집을 짓는다. 집 밑의 흙 속으로 들어가 겨울잠을 잔다. 적의 습격을 받으면 배에 있는 분비선에서 개미산이라는 액체를 적에게 뿜는다. 개미산은 눈으로 볼 수 있고 자극적인 냄새가 나는 화학 물질이다. 이 개미들은 온갖 곤충을 잡아먹고 산다.

토끼박쥐
Plecotus auritus
몸길이 : 최고 5㎝
편 두 날개 길이 : 최고 28㎝

유럽불개미
Formica rufa
길이 : 1㎝

유럽삵
Felis sylvestris
몸길이 : 최고 75㎝
꼬리 길이 : 최고 37㎝

솔잣새
Loxia curvirosta
길이 : 16㎝

엇갈린 부리

솔잣새는 엇갈린 부리로 솔방울을 부순다. 그리고 뿔처럼 단단한 혀로 씨를 꺼낸다. 어른 솔잣새는 반쯤 소화된 씨를 토해서 새끼에게 먹인다. 2, 3년에 한 번씩 번식 장소를 떠나 유럽의 다른 지역으로 떼를 지어 이동한다. 새로운 곳이 살기 좋으면 한두 철쯤 그곳에서 지낸다.

줄무늬 꼬리

유럽삵은 집고양이와 모습이 비슷하지만, 몸이 조금 크고 고리 무늬의 꼬리가 통통하다. 밤에 작은 포유동물이나 새, 곤충을 잡아먹는다.

뿔싸움

가을 번식기가 되면 붉은사슴 수컷들은 짝짓기할 암사슴들을 차지하려고 다른 수컷들과 뿔싸움을 벌인다. 봄이 되면 뿔갈이를 하는데, 새로 난 뿔은 다음 번식기까지 자란다.

살아 있는 먹이

송곳벌레살이납작맵시벌 암컷은 송곳벌 애벌레 바로 옆에 알을 낳는다. 맵시벌 애벌레가 알에서 나오면 송곳벌 애벌레를 먹으며 자란다. 송곳벌 애벌레가 나무줄기 깊숙이 파고 들어가기 때문에 맵시벌 암컷은 길이가 4cm나 되는 특별한 산란관을 나무줄기에 깊숙이 넣고 알을 낳는다.

송곳벌레살이납작맵시벌
Rhyssa persuasoria
길이 : 5cm

큰들꿩
Tetrao urogallus
길이 : 최고 86cm

이상야릇한 춤

봄이 되면 큰들꿩 수컷은 암컷을 유혹하려고 꼬리를 부채처럼 펴고, 머리를 위로 쳐들고 괴상한 소리를 지른다. 공중으로 날아올라 날개를 치기도 한다. 수컷은 아주 공격적이어서 사슴, 양, 심지어 사람까지도 귀찮게 하면 공격한다.

붉은사슴
Cervus elaphus
어깨 높이 : 최고 1.7m
몸길이 : 최고 2.5m

밤의 곡예사

소나무산달은 주로 밤에 땅 위나 나무 위에서 먹이를 사냥하는데, 나무와 나무 사이를 곡예사처럼 날듯이 건너 다닌다. 튼튼한 다리와 넓은 발, 긴 발톱이 있어서 나무에 잘 오르고, 털이 많은 꼬리로는 몸의 균형을 잡는다. 작은 새와 그 새의 알부터 쥐, 딱정벌레, 야생 식물의 열매에 이르기까지 닥치는 대로 먹는다.

소나무산달
Martes martes
몸길이 : 최고 52cm

지독한 냄새

유럽긴털족제비는 영역을 표시할 때나 적이 다가올 때 꼬리 아래에 있는 분비선에서 지독한 냄새가 나는 액체를 뿜는다. 겨울잠을 자지 않으며, 일 년 내내 작은 포유동물들을 사냥한다.

유럽긴털족제비
Mustela putorius
몸길이 : 최고 46cm

한 해의 절반 정도가 눈에 덮여 있는 침엽수림 지대의 겨울은 몹시 춥다.

북유럽의 숲 속에 있는 많은 호수에서 동물들이 물을 마신다.

유럽의 침엽수림은 대부분 사람들이 나무를 심어 이루어졌다. 목재로 쓰려고 이 나무들을 베어 낸다.

활엽수림 지대

Woodlands

유럽의 활엽수림은 많은 동물들에게 먹이와 보금자리를 제공한다. 곤충들은 나뭇잎을 먹고, 조류와 포유류 동물들은 나무줄기와 나뭇가지에 집을 짓고, 다듬이벌레와 딱정벌레 같은 생물은 땅에 쌓인 썩은 나뭇잎 속에서 산다. 따뜻한 봄이 되면 곤충들이 기어 나오고, 새들이 둥지를 틀고, 포유류 동물들의 새끼가 태어난다. 더운 여름에는 먹이가 많아 어린 동물들이 빨리 자라고, 가을에는 동물들이 과일 잔치를 벌이거나 겨울을 나기 위해 먹이를 저장한다. 겨울이 되면 많은 동물이 두꺼운 모피로 몸을 감싸고 굴이나 나무 구멍에서 오랜 시간을 보낸다. 어떤 새들은 따뜻한 곳으로 이동한다.

10,000개가 넘는 먹이

푸른박새는 봄과 여름에 주로 나비와 나방의 애벌레를 먹여 새끼들을 기른다. 새끼들이 둥지에서 자라는 동안 10,000개가 넘는 먹이를 새끼들에게 날라다 준다. 겨울에는 나무발발이, 박새를 비롯한 작은 새들과 섞여서 먹이를 찾는다.

푸른박새
Parus caeruleus
길이 : 12㎝

동고비
Sitta europaea
길이 : 14㎝

단단한 부리

동고비는 종종 나무껍질 속에 단단한 나무 열매를 밀어 넣고 부리로 쪼아 열매 껍데기를 깬다. 나무를 거꾸로 기어 내려갈 수 있는 유일한 새이다. 나무줄기를 오르내리며 나무껍질 속에 숨은 벌레를 찾는다.

오소리
Meles meles
몸길이 : 75㎝
꼬리 길이 : 15㎝

넓은 굴

오소리는 힘센 앞발과 길고 날카로운 발톱으로 길고 넓은 땅굴을 판다. 굴의 길이가 20m나 되기도 한다. 수백 년 동안 여러 세대가 한 굴에서 살기도 한다. 굴을 팔 때는 흙이 들어가지 않도록 귓구멍과 콧구멍을 닫는다.

유럽사슴벌레
Lucanus cervus
턱을 합친 길이 : 최고 7.5㎝

뿔 같은 턱

유럽사슴벌레 수컷은 경쟁자와 싸울 때 뿔처럼 생긴 커다란 턱을 사용한다. 암컷은 썩은 나무속에 알을 낳는데, 애벌레는 어른 벌레가 될 때까지 이 나무속에서 지낸다.

북유럽은 따뜻하고 비가 많아서 활엽수림 지대에 많은 강이 흐르고 있다.

긴 주둥이

멧돼지는 집돼지의 조상이다. 길고 예민한 주둥이로 땅을 헤쳐 나무뿌리나 알뿌리, 나무 열매, 버섯, 작은 동물들을 찾아 먹는다. 새끼들은 털에 줄무늬가 있어 숲 속에서 알아보기가 어려워 안전하다.

다마사슴
Dama dama
어깨 높이 : 1.3m
몸길이 : 1.6m

여름 반점

다마사슴은 여름에 털에 흰 반점이 생겨 나뭇잎들 속에서 눈에 잘 띄지 않는다. 겨울에는 털의 색깔이 어두워진다. 수컷들은 짝짓기할 암컷을 차지하려고 서로 뿔싸움을 벌인다.

멧돼지
Sus scrofa
어깨 높이 : 1m
몸길이 : 1.5m

땅을 덮은 낙엽은 썩어서 식물과 곤충들에게 영양분을 공급한다.

나무들 사이로 햇빛이 들어와 숲 속의 땅도 햇빛을 받는다.

위험을 알리는 꼬리

청설모의 긴 털북숭이 꼬리는 나무에서 나무로 건너 뛸 때 몸의 균형을 잡아 준다. 꼬리를 흔들어서 다른 다람쥐들에게 위험을 알리기도 한다. 튼튼한 긴 뒷다리와 굽은 발톱은 나무 껍질을 꽉 붙잡기에 좋다. 나무에서 내려갈 때는 머리를 아래로 향하고 기어 내려간다.

가시 무기

유럽고슴도치는 등에 최고 5,000개의 가시가 있다. 털이 변해 생긴 이 가시들은 속이 비어 있지만 아주 거칠고 끝이 뾰족하다. 위험을 느끼면 몸을 공처럼 말아서 가시로 몸을 지킨다. 새끼는 가시가 부드러워서 젖을 먹을 때 어미의 몸이 긁히지 않는다.

단단히 잡는 발톱

오색딱따구리는 발톱이 날카롭고 굽어져 있어 나무껍질을 단단히 붙잡을 수 있다. 나무줄기에 붙어 있을 때는 빳빳한 꼬리 깃털로 몸을 떠받친다. 강하고 곧은 부리로는 나무껍질 속에 있는 곤충을 파내고, 길고 끈끈한 혀를 나무의 갈라진 틈으로 넣어 곤충을 핥아 먹는다.

소리 없이 날아 다니며

올빼미는 밤에 사냥한다. 날개 깃털이 부드러워 소리를 내지 않고 날아 생쥐나 들쥐 같은 작은 동물을 굽은 발톱으로 잡는다. 어둠 속에서도 잘 볼 수 있고, 귀도 아주 밝다.

겨울 잠꾸러기

유럽동면쥐는 추운 겨울 내내 낙엽 아래나 비어 있는 나무줄기 속에서 나뭇잎과 풀로 만든 따뜻한 집에서 겨울잠을 잔다. 가을에는 겨울잠을 준비하기 위해 아주 양껏 먹어 몸무게가 거의 두 배로 늘기도 한다.

날씬한 사냥꾼

쇠족제비는 몸이 홀쭉해서 생쥐나 들쥐의 굴에 비집고 들어가 쥐들이 달아나지 못하게 할 수 있다. 힘이 세서 토끼처럼 자기보다 큰 동물도 죽일 수 있다.

밤 사냥꾼

여우는 주로 밤에 토끼, 지렁이부터 물고기, 사과에 이르기까지 닥치는 대로 먹는다. 원래 서식지는 숲 속인데, 지금은 도시에도 적응해서 밤에 종종 쓰레기통 속을 뒤지기도 한다.

남유럽 Southern Europe

지중해 북쪽 연안에 있는 남유럽의 여름은 길고 기온이 높고 습도가 낮지만, 겨울은 기온이 낮고 습도가 높다. 이 지역에는 키가 작은 잡목들이 숲을 이루고 있는 건조한 땅이많다. 환경오염 등으로 숲이 대부분 파괴되었지만, 아직도 알프스 산맥, 피레네 산맥, 에스파냐의 코토 다냐나 습지, 프랑스의 카마르그 습지 등 야생 동물들이 안전하게 살 수 있는 곳이 남아 있다. 샤무아, 스라소니 같은 희귀 동물이 이런 보호 지역에서 살고 있다. 황새, 말똥가리, 독수리 등 많은 새들이 유럽과 아프리카 사이를 이동하는 도중에 이 지역을 지난다.

수염수리
Gypaetus barbatus
길이 : 최고 1.1m
편 두 날개 길이 : 최고 2.7m

뼈를 먹는 독수리

수염수리는 죽은 동물의 뼈를 먹고 산다. 다른 독수리들이 살을 다 뜯어 먹기를 기다렸다가 뼈를 먹는다. 때로는 뼈를 아주 높은 곳에서 떨어뜨려 깨뜨려서 뼈 속에 있는 골수를 먹기도 한다.

불곰
Ursus arctos
어깨 높이 : 최고 1.2m
몸길이 : 최고 3m

샤무아
Rupicapra rupicapra
어깨 높이 : 최고 80㎝
몸길이 : 1m

스펀지 같은 발바닥 살

몸이 날랜 샤무아는 남유럽의 바위가 많은 울퉁불퉁한 산악 지대를 뛰어다닌다. 다리가 튼튼하고 발굽 밑에 스펀지 같은 발바닥 살이 있어서 가파른 곳이나 미끄러운 곳을 다니기에 좋다. 놀라운 평형감각을 가지고 있어서 6m 이상 멀리, 4m 이상 높이 뛸 수 있다.

동굴에서 사는 장님

동굴영원은 땅 속의 지하수에서 산다. 깜깜한 곳에서 살기 때문에 볼 필요가 없어 눈이 퇴화되었다. 머리 양쪽 옆에 붙어 있는 빨간 아가미로 일부의 호흡을 한다.

동굴영원
Proteus anguinus
길이 : 최고 30㎝

아름다운 도가머리

후투티의 영어 이름은 '후푸' 이다. 후-푸-푸 하고 울어서이다. 새끼는 적이 다가오면 강한 냄새를 풍기고 시끄럽게 소리를 지르며 부리를 내밀어 적을 쫓아 버린다.

후투티
Upupa epops
길이 : 28㎝

근시안 곰

불곰은 근시여서 예민한 후각으로 먹이를 찾는다. 남유럽의 산 속에서 살면서 길고 날카로운 발톱으로 나무의 뿌리나 새싹, 알뿌리를 파먹는다. 가을이 되면 겨울잠을 준비하려고 나무나 풀의 열매를 잔뜩 먹는다.

녹색두꺼비
Bufo viridis
길이 : 10㎝

곤충잡이

녹색두꺼비는 밤이 되어 공기가 시원하고 축축해지면 곤충을 잡아먹으러 나선다. 때로는 마을에 나타나 곤충들이 모여드는 가로등 주위로 가서 사냥한다. 이가 없어서 먹이를 통째로 삼킨다.

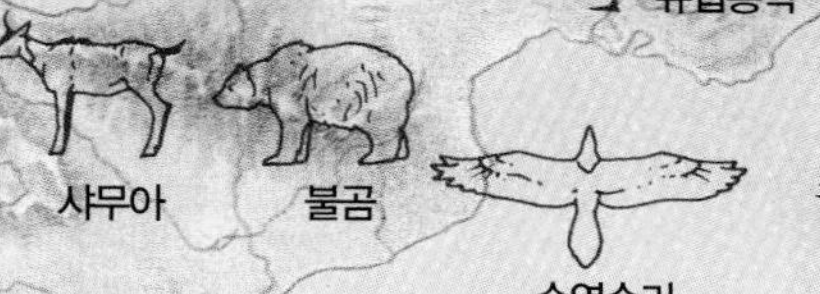

지중해의 대표적인 서식지는 무성한 가시 덤불과 작은 나무들로 뒤덮인 건조한 땅이다.

유럽제네트
Genetta genetta
몸길이 : 최고 60㎝
꼬리 길이 : 최고 48㎝

살금살금 다가가서

유럽제네트는 주로 밤에 나타나 작은 포유동물이나 둥지에 깃든 새, 파충류, 곤충들에게 살금살금 다가간다. 예민한 시각과 후각, 청각을 이용해 사냥한다. 날카로운 발톱이 있어서 나무를 잘 탄다.

유럽홍학
Phoenicopterus ruber
길이 : 1.2m
편 두 날개 길이 : 1.4m

먹이를 거르는 부리

유럽홍학은 얕은 물속에서 물갈퀴가 달린 발로 진흙을 휘저으며 새우 같은 작은 동물들을 찾는다. 부리 속에 빗 같은 것이 있어서 먹이를 걸러 먹는다.

지브롤터로 간 원숭이

북아프리카에서 살던 바바리원숭이가 어떻게 지브롤터의 바위산에서도 살게 되었는지는 확실하지 않다. 수백 년 전에 로마 사람들이 데려왔는지도 모른다.

리본 같은 날개

풀잠자리 수컷은 길고 가느다란 뒷날개가 리본처럼 늘어져 있다. 수컷들은 암컷들을 유혹하려고 큰 무리를 지어 날개를 과시하며 위아래로 춤을 춘다.

풀잠자리
Nemoptera sinuata
편 두 날개 길이 : 6㎝

스라소니
Felis lynx
몸길이 : 1.3m
꼬리 길이 : 8㎝

바바리원숭이
Macaca sylvanus
몸길이 : 최고 75㎝

희귀한 고양이

스라소니는 한때 널리 퍼져 있었지만, 사냥과 서식지 파괴로 급격히 줄어들었다. 지금은 깊은 산 속이나 코토 다냐나 보호 지역에서만 볼 수 있다. 혼자서 살며, 밤에 작은 포유동물이나 새들을 잡아먹는다.

노랑머리꾀꼬리
Oriolus oriolus
길이 : 24㎝

황금새

노랑머리꾀꼬리 수컷은 암컷의 관심을 끌 수 있는 밝은 노란색과 검은색의 깃털로 싸여 있다. 암컷은 어두운 갈색을 띤 녹색이어서 둥지에서 알을 품고 있을 때 적에게 잘 드러나지 않는다. 겨울이 되면 아프리카로 이동한다.

프랑스 남부에 있는 카마르그 습지는 야생말과 수소, 홍학으로 유명하다.

지중해 연안에는 바다거북과 물범의 번식 장소가 되는 해안이 여기저기에 있다.

멸종 위기

지중해물범은 아주 희귀한 물범이다. 한때는 지중해 전체에 퍼져 살았지만, 이 동물들이 쉬고 번식하는 해안을 휴양 온 사람들에게 모두 빼앗겨 지금은 2, 3백 마리쯤밖에 남지 않았다.

지중해물범
Monachus monachus
길이 : 최고 2.7m

사하라 사막

The Sahara

아프리카 북부에 있는 사하라 사막은 세계에서 가장 큰 사막이다. 넓이가 미국 면적과 비슷한 9,000,000㎢이다. 찌는 듯이 더운 낮에는 그늘에서의 기온이 50℃를 넘지만, 밤이 되면 살을 에는 듯이 추워진다. 비는 거의 내리지 않는다. 작은 동물들은 낮에는 더위를 피해 굴속에 들어가 있다가 시원한 저녁이나 새벽에 밖으로 나간다. 사막에서 사는 대부분의 동물은 오랫동안 물을 마시지 않고도 살 수 있다. 어떤 동물들은 아예 물을 마시지 않고 식물이나 곤충으로부터 수분을 얻는다.

털 덮인 발바닥

모래고양이는 발바닥에 두꺼운 털이 있어 발이 부드러운 모래에 빠지는 것을 막는다. 뜨거운 모래로부터 발을 보호해 주기도 한다. 사냥할 때는 큰 귀로 먼 곳에 있는 먹이의 소리를 듣고 위치를 알아낸다.

모래고양이
Felis margarita
어깨 높이 : 최고 23㎝
몸길이 : 최고 57㎝

지중해카멜레온
Chamaeleo chamaeleon
꼬리를 합친 길이 : 23㎝

몸 색깔을 바꾸는 파충류

지중해카멜레온은 조류나 포유류보다 높은 기온에 잘 견디며, 몸 색깔을 재빨리 바꿀 수 있다. 길고 끈적끈적한 혀로 곤충을 잡아먹고 산다.

가시에 덮인 사냥꾼

큰귀고슴도치는 낮에는 굴속에서 지내다가 밤에 사냥한다. 몸이 뜨거운 모래에 닿지 않도록 긴 다리로 떠받친다. 좋아하는 먹이는 전갈인데, 전갈의 꼬리에 있는 독침을 물어 끊어 내고 먹는다.

큰귀고슴도치
Hemiechinus auritus
길이 : 15㎝

사하라 사막에는 동식물이 거의 살 수 없는 무덥고 건조한 산악 지대도 있다.

사하라 사막의 모래 언덕 '에르그'는 높이가 180m나 되는 것도 있다.

사막전갈
Androctonus australis
길이 : 8㎝

무서운 독침

사막전갈은 꼬리 끝에 있는 독침으로 자신을 지킨다. 독은 코브라의 독만큼이나 강해서 개 같은 동물도 7분이면 죽을 수 있다.

커다란 귀

페넥여우는 최고 15㎝나 되는 큰 귀가 있다. 넓고 얇은 귀의 표면에서 몸의 열을 발산해 시원하게 한다. 사냥할 때는 먹이가 움직이는 소리를 잘 들을 수 있다.

페넥여우
Vulpes zerda
몸길이 : 최고 41㎝
꼬리 길이 : 최고 20㎝

멀리뛰기 챔피언

뛰는쥐는 작은 캥거루처럼 생겼다. 도망칠 때는 한 번에 2.5m까지 멀리 뛸 수 있다. 튼튼한 뒷다리가 앞다리보다 네 배나 길다. 긴 꼬리로는 뛸 때 몸의 균형을 잡거나 서 있을 때 몸을 지탱한다.

뛰는쥐
Jaculus jaculus
몸길이 : 최고 15㎝
꼬리 길이 : 25㎝

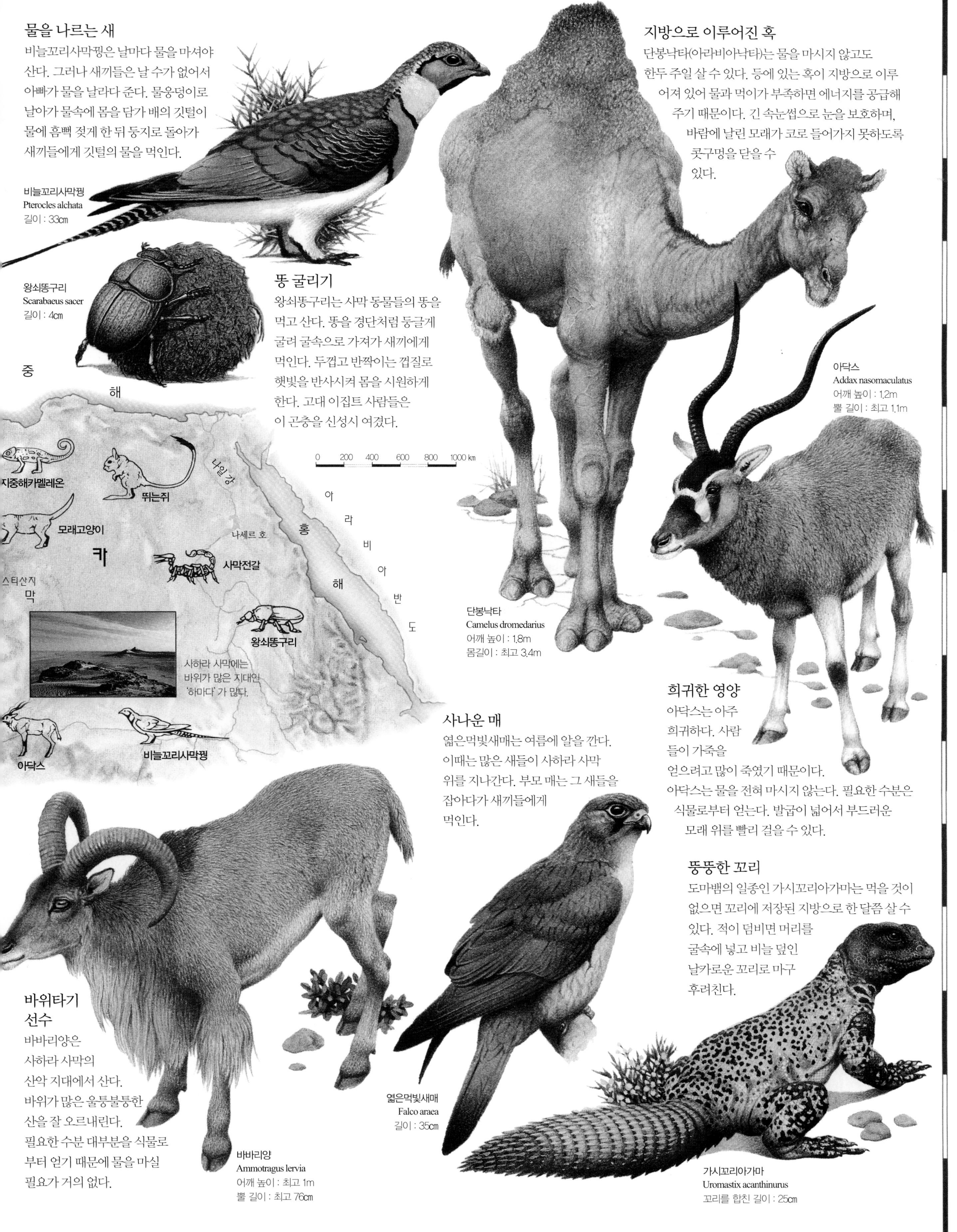

사하라 사막에는 바위가 많은 지대인 '하마다' 가 많다.

물을 나르는 새

비늘꼬리사막꿩은 날마다 물을 마셔야 산다. 그러나 새끼들은 날 수가 없어서 아빠가 물을 날라다 준다. 물웅덩이로 날아가 물속에 몸을 담가 배의 깃털이 물에 흠뻑 젖게 한 뒤 둥지로 돌아가 새끼들에게 깃털의 물을 먹인다.

비늘꼬리사막꿩
Pterocles alchata
길이 : 33㎝

왕쇠똥구리
Scarabaeus sacer
길이 : 4㎝

똥 굴리기

왕쇠똥구리는 사막 동물들의 똥을 먹고 산다. 똥을 경단처럼 둥글게 굴려 굴속으로 가져가 새끼에게 먹인다. 두껍고 반짝이는 껍질로 햇빛을 반사시켜 몸을 시원하게 한다. 고대 이집트 사람들은 이 곤충을 신성시 여겼다.

지방으로 이루어진 혹

단봉낙타(아라비아낙타)는 물을 마시지 않고도 한두 주일 살 수 있다. 등에 있는 혹이 지방으로 이루어져 있어 물과 먹이가 부족하면 에너지를 공급해 주기 때문이다. 긴 속눈썹으로 눈을 보호하며, 바람에 날린 모래가 코로 들어가지 못하도록 콧구멍을 닫을 수 있다.

단봉낙타
Camelus dromedarius
어깨 높이 : 1.8m
몸길이 : 최고 3.4m

아닥스
Addax nasomaculatus
어깨 높이 : 1.2m
뿔 길이 : 최고 1.1m

희귀한 영양

아닥스는 아주 희귀하다. 사람들이 가죽을 얻으려고 많이 죽였기 때문이다. 아닥스는 물을 전혀 마시지 않는다. 필요한 수분은 식물로부터 얻는다. 발굽이 넓어서 부드러운 모래 위를 빨리 걸을 수 있다.

사나운 매

엷은먹빛새매는 여름에 알을 깐다. 이때는 많은 새들이 사하라 사막 위를 지나간다. 부모 매는 그 새들을 잡아다가 새끼들에게 먹인다.

뚱뚱한 꼬리

도마뱀의 일종인 가시꼬리아가마는 먹을 것이 없으면 꼬리에 저장된 지방으로 한 달쯤 살 수 있다. 적이 덤비면 머리를 굴속에 넣고 비늘 덮인 날카로운 꼬리로 마구 후려친다.

바위타기 선수

바바리양은 사하라 사막의 산악 지대에서 산다. 바위가 많은 울퉁불퉁한 산을 잘 오르내린다. 필요한 수분 대부분을 식물로부터 얻기 때문에 물을 마실 필요가 거의 없다.

바바리양
Ammotragus lervia
어깨 높이 : 최고 1m
뿔 길이 : 최고 76㎝

엷은먹빛새매
Falco araea
길이 : 35㎝

가시꼬리아가마
Uromastix acanthinurus
꼬리를 합친 길이 : 25㎝

열대 우림과 호수

Rainforests and Lakes

열대 우림이 아프리카 중부의 서쪽 해안부터 동쪽 대지구대 남쪽 끝까지 뻗어 있다. 대지구대는 지각의 변동 때문에 생긴 지구(단층이 꺼져서 생긴 절벽 사이의 긴 골짜기)가 6,440km 이상 이어진 지대이다. 이곳에는 아름다운 호수가 많아 동식물들에게 풍부한 서식지를 제공한다. 열대 우림은 따뜻하고 습기가 많아 오카피와 들새부터 개구리, 뱀, 곤충에 이르기까지 많은 동물이 살고 있다. 초식동물은 대부분 큰 나무 아래에서 무성하게 자란 작은 나무의 잎을 먹고 산다. 땅에 떨어진 나뭇잎과 나무 열매는 빨리 썩어 돼지, 호저, 흰개미 등의 먹이가 된다. 보호색을 가졌거나 위장할 수 있는 동물들은 적으로부터 몸을 숨기거나 먹이에게 들키지 않고 다가갈 수 있다.

몸을 보호하는 갑옷

나무오름천산갑의 딱딱한 비늘이 적으로부터 몸을 보호한다. 긴 꼬리를 손처럼 사용하여 나뭇가지를 붙잡거나 꼬리 끝으로 나무를 잡고 매달려 있기도 한다. 개미와 흰개미를 잡아먹고 사는데, 튼튼한 앞발로 개미집을 부수고 긴 혀로 핥아 먹는다.

나무오름천산갑
Manis tricuspis
몸길이 : 최고 45cm
꼬리 길이 : 최고 60cm

고릴라
Gorilla gorilla
키 : 최고 1.8m

온순한 거인

고릴라는 온순한 초식동물이다. 최고 30마리까지 무리를 지어 사는데, 수컷 어른이 무리를 이끈다. 고릴라는 갖가지 소리와 몸짓으로 서로 의사소통한다. 수컷이 경쟁자를 위협할 때는 일어서서 자기의 가슴을 주먹으로 친다. 수컷은 열 살이 넘으면 등의 털이 은빛을 띤 회색으로 변하여 '실버백'(은빛 등)이라는 별명이 붙었다.

로열앤틸롭
Neotragus pygmaeus
몸길이 : 최고 62cm
어깨 높이 : 최고 30cm

연필 같은 다리

로열앤틸롭은 몸이 겨우 토끼만 하고, 다리가 연필처럼 가늘다. 그러나 적에게서 도망칠 때는 한 번에 2.7m나 멀리 뛸 수 있다. 조심성이 많은 겁쟁이여서 낮에는 숨어 있다가 밤에 나와 나뭇잎을 따 먹는다.

무서운 독니

가봉북살모사 한 마리의 독으로 사람 20명을 죽일 수 있다. 최고 5cm나 되는 독니로 작은 동물이나 새를 물어 몸 깊숙이 독을 뿜어 넣는다. 피부에 있는 무늬는 숲에서 몸이 눈에 잘 뜨이지 않게 한다.

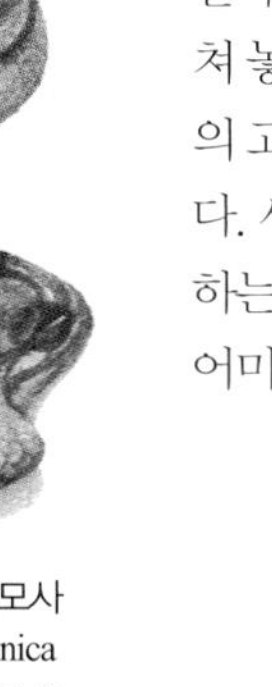

먹이를 나무 위에

표범은 힘이 아주 세서 자신과 몸무게가 비슷한 동물을 죽여 끌고 갈 수 있다. 다른 동물들이 훔쳐 가지 못하도록 나무 위에 먹이를 걸쳐 놓는다. 영양, 원숭이, 새, 물고기, 뱀 따위를 잡아먹는다. 대부분의 고양잇과 동물들과는 달리 새끼에게 사냥법을 가르쳐 주지 않는다. 새끼들은 스스로 자신을 지키는 법을 배워야 하는데, 한 살 반이나 두 살 전까지는 어미가 없으면 살아남을 수 없다.

오카피
Okapia johnstoni
길이 : 최고 2m
어깨 높이 : 1.7m

가봉북살모사
Bitis gabonica
길이 : 최고 2m

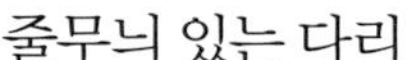

줄무늬 있는 다리

오카피는 다리에 줄무늬가 있어 나무들 사이에 서 있으면 몸이 잘 드러나지 않는다. 그래서 표범을 비롯한 적들의 눈을 속일 수 있다. 관목이나 교목의 잎을 혀로 잡아 뜯어 먹는다. 혀가 아주 길어 눈이나 눈꺼풀을 핥아 깨끗이 씻는다. 기린과에 속하며, 수컷은 기린처럼 부드러운 털에 덮인 짧은 뿔이 있다.

표범
Panthera pardus
몸길이 : 최고 2.5m
꼬리 길이 : 최고 1.4m

검은혹코뿔새
Ceratogymna atrata
길이 : 최고 81㎝

시끄러운 날개 소리

검은혹코뿔새가 열대 우림 속에서 날아다니면 넓은 날개에서 '훽훽' 하고 시끄러운 소리가 난다. 날개 깃털 사이로 공기가 빠져나가며 내는 소리이다. 부리 위에 있는 이상하게 생긴 뿔 같은 돌기를 보고 서로의 나이, 성별, 종류를 알아본다.

하마
Hippopotamus amphibius
몸길이 : 최고 4.5m
어깨 높이 : 1.5m

큰 입, 무서운 이

하마들은 서로 자주 싸운다. 싸울 때는 입을 크게 벌려 길고 무섭게 생긴 이를 드러내 위협한다. 낮에는 대개 호수나 강물 속, 모랫둑에서 쉰다. 밤이 되면 물에서 나와 호숫가나 강둑의 풀을 우적우적 뜯어 먹는다. 하룻밤 사이에 80kg까지 먹을 수 있다. 발가락에 물갈퀴가 있어서 헤엄치기에 좋고, 물속에서 6분 정도 견딜 수 있다.

침팬지
Pan troglodytes
키 : 최고 94㎝

아프리카자카나
Actophilornis africanus
길이 : 최고 28㎝

거대개구리
Gigantorana goliath
길이 : 최고 30㎝

물 위를 걷는 발

아프리카자카나는 긴 발가락에 몸무게를 분산시켜 연잎처럼 뜬 수중식물의 잎 위를 걸을 수 있다. 잎 위를 성큼성큼 걸으며 뾰족한 부리로 물속의 곤충과 갑각류를 잡아먹는다. 적이 나타나면 물속으로 들어가 부리와 콧구멍만 물 위에 내놓기도 한다.

긴 뒷다리로 멀리 뛰기

거대개구리는 뒷다리가 길어 한 번에 3m 이상 멀리 뛸 수 있다. 짧은 앞다리는 땅에 떨어질 때의 충격을 흡수하기에 좋다. 다른 개구리들과 마찬가지로 헤엄을 아주 잘 친다. 긴 뒷다리와 뒷발에 있는 물갈퀴로 물을 박차며 쭉쭉 나아간다.

나뭇가지 도구 사용

침팬지는 도구를 만들어 사용하는 몇 안 되는 동물이다. 작은 나뭇가지를 꺾어 흰개미집 속에 찔러 넣었다가 흰개미들이 나뭇가지에 붙으면 꺼내 핥아 먹는다. 돌을 망치처럼 사용할 수도 있다. 나무 위에서 지내기도 하고, 땅 위에서 지내기도 한다. 네 발로 기어 다닐 때는 앞발 발가락을 구부려 발가락 마디로 몸무게를 떠받친다. 밤이 되면 나뭇가지들을 모아 잠잘 곳을 만든다.

아프리카 열대 우림은 대부분 콩고 강 유역에 있다.

힘센 달팽이

아프리카왕달팽이는 온갖 종류의 식물을 먹는다. 까칠까칠한 혀로 식물의 잎을 핥듯이 긁어 먹는다. 두 개의 긴 더듬이 끝에 홑눈이 있어 밝음과 어둠을 구별한다. 두 개의 짧은 더듬이로는 냄새와 촉감을 느낀다.

아프리카왕달팽이
Achatina fulica
길이 : 최고 34㎝

대지구대에 있는 호수에서는 홍학이 떼를 지어 살고 있다.

대지구대에 있는 절벽은 높이가 1,250m나 되는 것도 있다.

사바나 *The Savannah*

아프리카의 사바나(열대·아열대 지역에 있는 건조한 넓은 초원)에는 몸집이 큰 초식 동물들이 무리를 지어 살고 있다. 건기가 시작되면 동물들이 떼를 지어 신선한 풀과 물을 찾아 긴 여행을 떠난다. 초식동물은 대부분 풀을 먹고 사는데, 동물의 종류마다 먹는 풀의 위치가 달라 먹이를 차지하려고 다투는 경우는 드물다. 얼룩말은 줄기 끝의 딱딱한 부분을, 누(영양의 일종)는 잎의 가운데 부분을, 가젤은 땅 가까이에 있는 어린잎을 좋아한다. 사자, 표범, 치타, 야생 개는 이 초식동물들을 잡아먹고, 독수리나 그 밖의 썩은 고기를 먹는 동물들이 와서 찌꺼기를 깨끗이 먹어 치운다. 풀 속에서는 도마뱀, 뱀, 그리고 수백만 마리의 곤충들이 살고 있다.

강한 턱

하이에나의 턱은 뼈를 부스러뜨릴 만큼 강하다. 밤에 작은 무리를 지어 얼룩말이나 누를 사냥하러 나선다. 다른 동물들이 사냥한 동물을 빼앗아 먹기도 한다.

얼룩하이에나
Crocuta crocuta
어깨 높이 : 91㎝
몸길이 : 최고 1.6m

신선한 풀을 찾아

누는 신선한 풀을 찾아 사바나를 가로질러 수천 킬로미터나 무리지어 여행한다. 쉬거나 풀을 뜯어 먹으려고 멈출 때면 수컷은 다른 수컷이 가까이 오지 못하도록 감시한다. 새끼는 태어나자마자 달릴 수 있고, 몇 시간 뒤에는 무리를 따라갈 수 있다.

용감한 병사

흰개미는 적의 공격으로부터 자기네 영역을 지킨다. 머리와 튼튼한 턱으로 적을 찔러서 상처를 입힌다.

흰개미
Bellicostermes natalensis
길이 : 최고 2㎝

검은꼬리누영양
Connochaetes taurinus
어깨 높이 : 1.4m
몸길이 : 2.1m

집단 방어

얼룩말은 가족 단위로 살아가지만, 건기가 되면 적들로부터 자신들을 지키기 위해 거대한 무리를 이룬다. 수컷은 사자 같은 적을 뒷발로 차서 이를 부러뜨리기도 한다.

서배너얼룩말
Equus burchelli
어깨 높이 : 1.2m
몸길이 : 최고 2.4m

아프리카코끼리
Loxodonta africana
어깨 높이 : 최고 3.5m
몸통 길이 : 최고 2.1m

치타
Acinonyx jubatus
몸길이 : 2.2m
꼬리 길이 : 76㎝

대식가

아프리카코끼리는 하루에 16시간 동안이나 먹이를 찾아다닌다. 큰 수컷은 성인 90명의 몸무게를 합친 것만큼 무겁다. 코끼리는 코가 길어서 높이 달린 나뭇잎까지 뻗을 수 있고, 코의 힘이 세서 나뭇가지를 휘어 꼭대기의 연한 새 잎을 따 먹기도 한다. 코끼리는 두 개의 상아 중 어느 하나를 더 자주 사용한다.

시속 100㎞

치타는 짧은 거리의 경우 시속 100㎞ 이상으로 달릴 수 있다. 그러나 곧 지쳐 버린다. 길고 날카로운 송곳니로 먹이의 목을 물어 죽이고, 면도날 같은 어금니로 뼈에서 살을 베어 먹는다.

니아의 응고로고로 분화구 근처에 름이 몰려온다는 것은 우기가 된다는 징조이다.

어마어마한 누 떼가 탄자니아의 평원을 가로질러 이동한다.

아카시아는 사바나에서 흔히 볼 수 있는 나무이다.

털이 없는 머리와 목

벵골민목독수리는 머리와 목에 깃털이 없어서 죽은 동물의 몸뚱이에 머리를 박고 고기를 뜯어 먹기에 좋다. 사바나 하늘로 높이 날아 올라가 예민한 눈으로 죽은 동물을 찾아낸다.

갈고리 같은 윗입술

검은코뿔소는 몸집이 큰데도 아주 민첩해서 짧은 거리는 시속 48㎞로 달릴 수 있다. 갈고리 같은 윗입술로 나무의 껍질, 가지, 잎 등을 잡아당긴다.

잠꾸러기 사냥꾼

사자는 주로 밤에 사냥하는데, 날마다 거의 21시간 동안 잔다. 사자가 지르는 소리는 8㎞ 떨어진 곳에서도 들린다. '프라이드' 라는 가족 단위로 살아가는데, 한 프라이드는 여러 마리의 암컷과 그 새끼들, 한 마리 또는 몇 마리의 어른 수컷으로 이루어진다.

큰 나무와 같은 키

기린은 목이 아주 길어서 6m 높이에 있는 나뭇잎이나 어린 가지를 먹을 수 있다. 긴 혀와 굽은 윗입술로 나뭇가지에서 잎을 따 먹는다.

위험을 느끼면 펄쩍펄쩍

톰슨가젤은 무리를 지어 산다. 위험을 느끼면 모두 목과 다리를 빳빳이 하고, 몸을 구부리고 수직으로 펄쩍펄쩍 뛴다. 적을 어리둥절하게 하려는 동작인 것 같다.

암컷을 꾀는 둥지

붉은머리피리새는 부드럽고 작은 녹색 나뭇가지로 정성스럽게 둥지를 틀어 암컷을 꾄다. 둥지는 적들로부터 알과 새끼를 보호하기 위해서 대부분 나뭇가지 끝에 튼다. 둥지의 벽이 두꺼워서 새끼들이 낮에는 시원하게, 밤에는 따뜻하게 지낼 수 있다.

마다가스카르 *Madagascar*

마다가스카르 섬은 원래 아프리카 대륙에 붙어 있었는데, 수천만 년 전에 떨어져 나왔다. 오랫동안 고립되어 있어서 특이한 동물들이 많다. 텐렉, 여우원숭이, 포사, 그리고 세계 카멜레온의 3분의 2가 이 섬에 있다. 마다가스카르 섬에 야생 동식물이 많은 이유는 기후 변화가 많고 식물이 풍부하기 때문이다. 동쪽 해안에는 열대 우림이 있지만, 섬 남쪽 끝은 아주 건조하여 거의 사막과 같다. 산맥이 남북으로 뻗어 있고, 중앙의 고원 지대는 비교적 추워 풀이 많은 사바나로 덮여 있다.

태양새사촌
Neodrepanis coruscans
길이 : 10㎝

꿀을 빠는 혀 빨대

태양새사촌은 길고 구부러진 부리로 꽃 깊숙이 숨어 있는 꿀을 찾는다. 그리고 혀를 길고 둥글게 말아 꿀을 빨아들인다. 꿀을 찾아 꽃에서 꽃으로 날아다니며 몸에 묻은 꽃가루를 다른 꽃에 옮겨 식물의 가루받이(수분)를 돕는다. 번식기가 되면 수컷은 암컷을 유혹하려고 머리 양쪽에 있는 털 없는 파란 피부를 부풀린다.

베리옥시시파카
Propithecus verreauxi
몸길이 : 45㎝
꼬리 길이 : 55㎝

괴상한 소리

베리옥시시파카의 영어 이름은 '시파카' 이다. 무리에게 위험을 알릴 때 '시팍, 시팍' 하고 괴상한 소리를 내기 때문이다. 낮에는 두 앞 다리를 쭉 뻗어 일광욕을 즐긴다. 뒷다리가 앞다리보다 훨씬 길어 나무 사이로 한 번에 5m 이상 멀리 뛸 수 있다. 가끔씩 땅에 내려가 앞다리를 머리 위로 들어 거칠게 흔들어 대며 뒷다리로 팔짝팔짝 뛴다. 앞다리가 짧아서 네 다리로 달리지는 못한다.

알락꼬리여우원숭이
Lemur catta
몸길이 : 45㎝
꼬리 길이 : 55㎝

냄새로 경쟁자에게 신호

알락꼬리여우원숭이는 고약한 냄새로 영역을 나타낸다. 이 냄새는 경쟁자인 다른 알락꼬리여우원숭이들에게 가까이 오지 말라는 신호이다. 손목과 겨드랑이에 있는 분비선에서 나는 이 냄새를 꼬리에 묻힌 다음 꼬리를 높이 들고 흔들어 상대 수컷에게 냄새를 날려 보낸다. 수컷들은 이런 싸움을 한 시간 동안이나 한다. 40마리까지 모여 사는데, 나무의 열매, 잎, 껍질, 풀을 먹는다.

새끼를 가장 많이 낳는 포유동물

텐렉 암컷은 새끼를 가장 많이 낳는 포유동물이다. 32마리까지 낳기도 한다. 그러나 16~20마리만이 살아 남는다. 몸이 빳빳한 털과 가시에 덮여 있어 적을 위협할 때는 이 털과 가시를 곤두세우고, 앞발로 땅을 탁탁 치고, '쉭쉭' 소리를 내고, 입을 크게 벌린다.

텐렉
Tenrec ecaudatus
몸길이 : 최고 40㎝

경쟁 상대가 없어서

포사는 꼬리 길이가 몸길이와 거의 같다. 꼬리는 나무에 오를 때 몸의 균형을 잡는다. 여우원숭이나 다른 포유동물, 새, 파충류, 곤충 따위를 잡아먹는다. 앞발로 먹이를 붙잡고, 먹이의 뒤통수를 물어 죽인다. 마다가스카르 섬의 육식동물 중에서 가장 넓게 퍼져 있는데, 경쟁 상대가 될 고양잇과의 동물이나 갯과의 동물이 없어서이다.

포사
Cryptoprocta ferox
몸길이 : 최고 75㎝
꼬리 길이 : 최고 70㎝

소리를 잘 듣는 큰 귀

여우원숭이의 일종인 아이아이는 큰 귀로 나무껍질 속에서 움직이는 곤충의 소리도 들을 수 있다. 길고 가느다란 가운뎃손가락으로 즙이 많은 곤충의 애벌레를 잡아낸다. 껍데기가 딱딱한 나무 열매, 죽순, 과일 따위도 먹는다. 숲 속에서 살며, 나무 위에서 대부분의 시간을 보낸다. 서식지의 파괴로 멸종 위기에 놓여 있다.

아이아이
Daubentonia madagascariensis
몸길이 : 45㎝
꼬리 길이 : 55㎝

가장 큰 몸집, 가장 시끄러운 소리

여우원숭이 종류 중에서 몸집이 가장 큰 인드리는 가장 시끄러운 소리를 지른다. 3㎞ 떨어진 곳에서도 들을 수 있다. 경쟁자 무리를 멀리 쫓으려고 가족이 함께 소리를 지르면 귀가 멍멍할 정도이다. 인드리는 소리를 듣고 자기네 무리와 다른 무리를 구별한다. 위험을 느끼면 다른 소리를 낸다.

인드리
Indri indri
몸길이 : 최고 70㎝
꼬리 길이 : 최고 6㎝

0 50 100 150 200 250 ㎞

실러캔스

마다가스카르의 동쪽 해안에는 평원이 50㎞나 이어져 있다.

마다가스카르 중부의 고원에는 풀이 많이 나 있다.

마다가스카르 섬

차라타나나 산괴

아이아이

파슨카멜레온

베치보카 강

붉은부리동고비때까치

포사

태양새사촌

덤불멧돼지

인드리

마니아 강

중앙 고원

텐렉

망고키 강

베리옥시시파카

알락꼬리여우원숭이

오닐라이 강

대벌레

인도양

모잠비크 해협

붉은부리동고비때까치
Hypositta corallirostris
길이 : 최고 13㎝

애벌레를 찾는 부리

붉은부리동고비때까치는 마다가스카르 섬 동부의 습기 많은 우림에서 벌레를 잡아먹고 산다. 날카로운 발톱으로 나무줄기에 꼭 달라붙어서 부리로 나무껍질 속에 있는 애벌레를 잡아먹는다. 오직 마다가스카르에서만 사는 마다가스카르때까치(큰부리때까치) 종류이다.

대벌레
Sipyloidea sipylus
길이 : 9㎝

가는 나뭇가지

마다가스카르 섬에는 약 80종의 대벌레가 있다. 길고 가는 몸뚱이가 가시 달린 작은 나뭇가지와 닮아서 움직이지 않으면 거의 알아볼 수 없다.

실러캔스
Latimeria chalumnae
길이 : 최고 1.9m

살아 있는 화석

1938년에 마다가스카르 해안 근처에서 실러캔스가 잡히기 전까지는 이 물고기가 7,000만 년 전에 멸종된 줄 알았다. 실러캔스는 수백만 년 전에 물에서 나와 육지에 오른 첫 물고기인 것 같다. 이러한 물고기 중에는 지금의 개구리나 영원(도롱뇽의 일종) 같은 양서류로 진화한 것들도 있다. 실러캔스는 앞뒤 다리 같은 지느러미가 있어 바위가 많은 바다 밑에서 활동하는 데 도움이 된다.

파슨카멜레온
Chamaeleo parsonii
길이 : 40㎝

덤불멧돼지
Potamochoerus porcus
몸길이 : 최고 1.5m
꼬리 길이 : 최고 45㎝

한때 마다가스카르 섬은 대부분이 숲에 덮여 있었지만, 지금은 얼마 안 되는 숲에서 동식물이 서식한다.

집게 같은 발

파슨카멜레온은 발이 모두 집게처럼 생겼다. 발가락이 다섯 개씩 있는데, 그중 두 개와 나머지 세 개가 서로 반대쪽으로 뻗어 있어서 나뭇가지를 꽉 잡을 수 있다. 카멜레온은 기분에 따라 또는 주위의 색깔에 따라 몸의 색깔을 바꾼다. 적으로부터 몸을 숨기거나 먹이에게 몰래 다가가기 위해서이다.

흰 털이 난 등

덤불멧돼지는 흥분하거나 놀라면 등줄기를 따라 나 있는 길고 흰 털을 곤두세운다. 길고 민감한 코로 냄새를 맡아 나무뿌리, 곤충, 지렁이를 비롯해 작은 포유동물, 새, 죽은 동물의 고기까지 닥치는 대로 먹는다. 농작물에 큰 피해를 주어 농부들에게 잡히기도 한다.

시베리아 *Siberia*

아시아 북부에 있는 시베리아의 침엽수림에는 낙엽송, 전나무, 가문비나무 등이 많다. 이 나무들의 방울 열매는 눈 내리는 겨울에 동물들의 중요한 먹이가 된다. 숲의 남쪽에 있는 바이칼 호는 수백만 년 동안 고립되어 있어 다른 곳에서는 볼 수 없는 동물들이 많이 살고 있다. 침엽수림 지대 북쪽에는 일 년 내내 땅이 얼어 있는 툰드라가 있다. 이곳은 겨울이 아홉 달이나 계속된다. 그 동안 많은 동물이 추위를 피해 남쪽 침엽수림으로 이동하고, 어떤 새들은 따뜻한 곳으로 날아간다. 툰드라의 여름은 짧지만, 하루 24시간 내내 낮이 계속되어 먹이가 아주 많다.

늑대
Canis lupus
몸길이 : 1.4m
꼬리 길이 : 45㎝

무서운 짖는 소리

늑대는 '팩' 이라는 무리를 짓고 산다. 서로 연락을 하거나 경쟁 상대가 되는 무리가 가까이 오지 못하게 할 때는 짖는 소리를 낸다. 팩 안에는 엄격한 서열이 있다. 서열이 높은 늑대는 귀와 꼬리를 세우고 으르렁거리며 다른 늑대들을 노려본다. 서열이 낮은 늑대는 귀를 뒤로 눕히고, 꼬리를 두 다리 사이에 넣고, 무리 뒤쪽에 처진다.

트럼펫 소리를 내는 고니

큰고니는 세계에서 가장 시끄러운 소리를 내는 고니이다. 트럼펫 소리 같은 소리는 아주 먼 곳에서도 들을 수 있다. 날 때는 날개에서 '쉭쉭' 소리가 난다. 수백 마리가 떼를 짓기도 하며, 툰드라 지역과 침엽수림 같은 곳에 있는 호수에서 번식한다.

큰고니
Cygnus cygnus
편 두 날개 길이 : 1.5m

바이칼 호에만 있는 독특한 물범

바이칼물범은 민물에서 사는 유일한 물범이다. 북극해에서 사는 얼룩큰점박이물범과 같은 종류이다. 바이칼물범의 조상은 수백만 년 전에 북극해에서 레나 강을 거슬러 올라가 바이칼 호에 이르렀다. 지금은 이 호수에서 빠져나갈 수 없다. 날카로운 이로 물고기들을 잡아먹고 산다.

바이칼물범
Phoca sibirica
길이 : 최고 1.5m

수수께끼의 붉은 점

황여새는 날개에 붉은 점이 있다. 왜 이런 점이 있는지는 아무도 모른다. 주로 딸기 종류를 먹고 사는데, 먹이를 아주 빨리 소화시킨다. 식물의 씨를 삼키면 소화기관을 지나는 데 16분쯤 밖에 안 걸린다.

황여새
Bombycilla garrulus
길이 : 18㎝

북극해
베링 해
동시베리아 해
노보시비르스크 제도
세베르나야 젬랴 제도
랍테프 해
카라 해
바렌츠 해
노바야제믈랴 섬
인디기르카 강
레나 강
캄차카 반도
오호츠크 해
사할린 섬
오브 강
예니세이 강
앙가라 강
우랄 산맥
시베리아
바이칼 호
0 250 500 750 1000

시베리아레밍
흰올빼미
순록
시베리아 쇠박새
검은산달
들꿩
늑대
황여새
북극땅다람쥐
시베리아어치
큰고니
바이칼물범

바이칼 호는 세계에서 가장 깊고, 가장 오래 되고, 가장 물이 많은 호수이다.

시베리아의 숲은 미국 면적의 3분의 1보다 넓다.

토끼도 죽이는 올빼미

흰올빼미는 레밍류와 밭쥐류의 쥐들을 잡아먹으려고 꽁꽁 언 툰드라의 상공에서 소리 없이 활공한다. 하루에 열 마리의 레밍을 잡을 수 있고, 토끼도 잡아 죽일 만큼 힘이 세다. 흰 깃털에 검은 작은 반점들이 있어 눈 속에서 모습이 잘 드러나지 않는다. 긴 양말처럼 보이는 다리의 두꺼운 깃털이 다리를 따뜻하게 한다.

흰올빼미
Nyctea scandiaca
길이 : 최고 66㎝
편 두 날개 길이 : 최고 1.6m

눈 위를 걷기 쉬운 넓적한 발굽

순록은 발굽이 넓적하여 눈 위를 잘 걷는다. 겨울에는 발굽으로 눈을 헤치고 이끼 같은 것을 먹는다. 여름에 툰드라에서 새끼를 낳고, 겨울에는 먹이를 구하러 침엽수림으로 이동하는 순록도 있다. 사슴과의 동물 중에서 유일하게 암컷과 수컷 모두 뿔이 있다.

순록
Rangifer tarandus
몸길이 : 최고 2.2m
꼬리 길이 : 최고 21㎝

새 집을 찾아 이동

레밍(나그네쥐)은 3, 4년마다 수가 크게 늘어나 수천 마리가 새로운 집을 찾아 이동한다. 이동을 시작하면 큰 도시가 나타나든 도로가 나타나든 멈추지 않고 계속 간다. 적에게 잡혀 먹히고, 지치고, 굶주려 많이 죽는다. 강과 호수, 또는 바다를 건너다가 물에 빠져 죽기도 한다.

시베리아레밍
Lemmus sibiricus
길이 : 최고 17㎝

땅 속의 먹이 저장 창고

북극땅다람쥐는 짧은 여름 동안 땅 속 굴에 먹이를 저장한다. 겨울잠을 준비하려고 몇 개의 먹이 저장 창고를 만들고, 먹이를 많이 먹어 몸에 지방을 저장한다. 놀라거나 위험을 느끼면 큰 소리를 내어 동료들에게 알린다.

북극땅다람쥐
Spermophilus parryi
몸길이 : 최고 35㎝
꼬리 길이 : 최고 15㎝

갈색 무늬로 몸을 보호

들꿩 암컷은 깃털에 갈색 무늬가 있어서 둥지에서 알을 품고 있을 때 적의 눈에 잘 띄지 않는다. 들꿩의 큰 날개 근육은 양분을 저장하여 추울 때 열을 내기도 한다. 침엽수림에 널리 분포되어 있어 흔히 볼 수 있는 새이다.

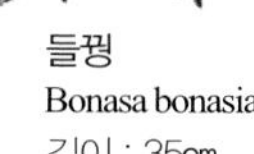

들꿩
Bonasa bonasia
길이 : 35㎝

아름답고 두꺼운 모피

검은산달은 아름답고 두꺼운 모피에 덮여 있다. 이 모피 때문에 사냥을 당해 거의 멸종되었다가 지금은 보호되어 멸종 위기를 넘겼다. 들쥐 같은 작은 포유동물과 물고기, 곤충, 나무열매, 딸기 종류 등을 먹는다. 잘 발달된 냄새 분비선이 있어서 이 냄새로 영역을 표시한다.

검은산달
Martes zibellina
몸길이 : 최고 45㎝
꼬리 길이 : 최고 19㎝

시베리아쇠박새
Parus cinctus
길이 : 13㎝

방울 열매를 먹는 새

시베리아어치는 단단한 부리로 솔방울 같은 방울 열매를 쪼아 부스러뜨리고 씨를 먹는다. 부리로 씨를 꺼내는 동안 방울 열매를 발로 쥐고 있을 때도 있다. 방울 열매의 수가 줄면 시베리아어치의 수도 갑자기 준다. 먹이가 모자라면 도시와 시골 마을로 날아가서 음식찌꺼기를 찾아 먹는다.

시베리아어치
Perisoreus infaustus
길이 : 28㎝

에너지 절약

시베리아쇠박새는 겨울에 몹시 추운데도 일 년 내내 숲에서 산다. 밤이 되면 심장 박동이 느려지고 체온이 내려가 에너지의 소모가 적어진다. 그래서 먹이를 구하기 어려운 때에도 살아남을 수 있다. 짧고 단단한 부리로 곤충, 식물의 씨, 열매 따위를 먹고 산다.

사막과 스텝
Deserts and Steppe

러시아 남부부터 중국까지 '스텝' 이라는 넓은 초원 지대가 펼쳐져 있다. 여름은 아주 덥고, 춥고 긴 겨울에는 꽁꽁 언 북쪽 지방에서 차가운 바람이 세차게 불어온다. 사이가와 아시아들당나귀 같은 초식동물의 큰 무리들이 살았었지만, 지금은 사냥 때문에 거의 사라져 버렸다. 지금 이 지역에서 가장 많이 볼 수 있는 동물은 땅에 굴을 파고 사는 땅다람쥐 같은 설치류이다. 스텝 남쪽에 있는 중앙아시아의 사막은 강수량이 1년에 300㎜도 안 된다. 여름은 몹시 덥지만, 밤에는 기온이 20℃까지 내려간다. 날쥐 같은 작은 동물은 물을 마시지 않고도 살 수 있도록 적응했고, 낙타 같은 동물은 물과 먹이가 부족할 때를 대비해 몸속에 지방을 저장한다.

쌍봉낙타
Camelus bactrianus
어깨 높이 : 최고 2m
몸길이 : 최고 3m

혹이 하나? 둘?
쌍봉낙타는 혹이 둘, 단봉낙타는 하나 있다. 대부분의 쌍봉낙타는 사람들 손에 길들여졌지만, 고비 사막에는 아직 야생 상태로 살고 있는 것도 있다. 기온이 낮은 겨울에는 털이 많이 나서 몸을 따뜻하게 하고, 무더운 여름에는 털이 빠진다. 발이 크고 펑펑해서 부드러운 모래에 빠지지 않고 걸을 수 있다.

희귀한 독수리
스텝에는 나무가 거의 없어 스텝독수리는 땅 위에 집을 짓는다. 햄스터, 레밍, 땅다람쥐, 마못 같은 작은 설치류를 잡아먹는다. 하늘에서 하강해 단단하고 날카로운 발톱으로 먹이를 잡아챈다. 그리고 구부러진 부리로 먹이를 찢어 삼킨다.

스텝독수리
Aquila nipalnesis orientalis
몸길이 : 최고 86㎝
편 두 날개 길이 : 최고 1.7m

사막독사
Vipera lebetina
길이 : 1.8m

사막에서 가장 큰 독사
사막독사는 사막에서 사는 뱀들 가운데 가장 크다. 몸을 숨기고 있다가 설치류나 도마뱀을 덮쳐 긴 독니로 먹이의 몸속에 독을 뿜어 넣는다. 먹이가 죽기를 기다려 통째로 삼킨다. 낮에는 그늘이나 땅 속에서 쉬다가 밤에 먹이를 찾아 나선다.

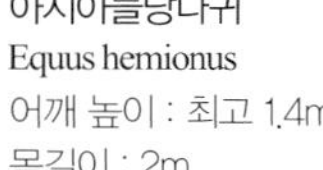

아시아들당나귀
Equus hemionus
어깨 높이 : 최고 1.4m
몸길이 : 2m

경주마 같은 빠르기
아시아들당나귀는 경주마의 속도와 비슷한 시속 65㎞ 이상으로 달릴 수 있다. 2, 3일 동안 물을 마시지 않고도 살 수 있다. 여름에는 고지의 초원에서 지내지만, 겨울에는 마실 물과 신선한 풀을 찾아 낮은 곳으로 이동한다.

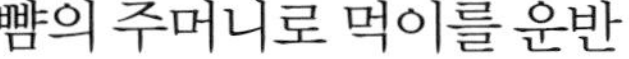

뺨의 주머니로 먹이를 운반
유럽햄스터는 식물의 씨, 곡물, 나무뿌리, 식물, 곤충 따위를 먹고 산다. 늦은 여름이 되면 뺨에 있는 주머니에 넣어 가지고 온 먹이를 땅 속에 그물처럼 이리저리 파 놓은 굴에 저장한다. 겨울에는 굴속에서 겨울잠을 자는데, 잠깐씩 깨어나 먹이를 먹는다.

유럽햄스터
Cricetus cricetus
몸길이 : 최고 30㎝
꼬리 길이 : 최고 6㎝

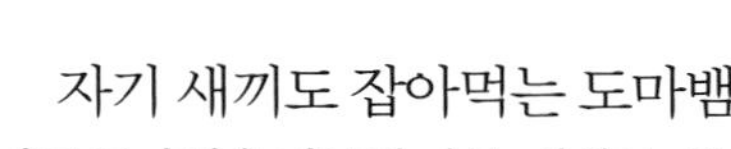

자기 새끼도 잡아먹는 도마뱀
몸집이 큰 왕도마뱀은 다른 도마뱀을 비롯해 거북, 설치류, 새, 심지어 자기 새끼도 잡아먹는다. 먹이를 먹을 때는 뱀처럼 통째로 삼킨다. 적을 쫓을 때는 '쉭쉭' 하고 큰 소리를 내고, 튼튼한 꼬리를 좌우로 흔들어 댄다. 적을 물어뜯기도 한다. 사람들이 가죽을 얻으려고 마구 잡아서 수가 많이 줄었다.

왕도마뱀
Varanus griseus
길이 : 최고 1.5m

사이가
Saiga tatarica
어깨 높이 : 최고 75㎝
몸길이 : 최고 1.5m

갑상선가젤
Gazella subgutturosa
어깨 높이 : 75㎝

모래와 먼지를 거르는 코

사이가는 코가 크고 나무줄기처럼 생겼다. 아래쪽으로 나 있는 콧구멍 속에 특수한 털과 분비선이 있어서 모래와 먼지를 거른다. 천 년쯤 전에는 사이가의 큰 무리가 스텝에서 살았지만, 수컷의 뿔이 중국에서 약재로 쓰이면서 많이 죽임을 당했다. 지금은 보호받고 있어서 수가 늘었다.

모피 코트

갑상선가젤은 모피를 얻으려는 사냥꾼들 때문에 멸종되다시피 했다. 지금은 보호되고 있다. 풀을 뜯어 먹을 때 씨를 밟아 땅에 묻히게 하고, 똥을 누어 땅을 기름지게 하여 새싹이 돋아 나오게 한다. 그리하여 스텝이 풀에 덮이는 것을 돕는다.

마눌고양이
Felis manul
몸길이 : 최고 65㎝
꼬리 길이 : 최고 31㎝

털북숭이 고양이

마눌고양이는 특히 배 쪽에 길고 촘촘한 털이 나 있어서 추위를 이겨낼 수 있다. 머리가 평평하고, 눈이 이마 위쪽에 있어서 바위 너머에 있는 먹이를 몰래 찾는 데 좋다. 밤에 나타나 쥐, 토끼 같은 작은 포유동물이나 새 따위를 잡아먹는다.

스텝의 넓은 고원에서는 나무가 거의 없다. 주로 풀이 많다.

고비 사막은 바위로 뒤덮여 있고, 짠물 호수와 강이 있다.

큰귀뛰는쥐
Euchoreutes naso
몸길이 : 최고 12㎝
꼬리 길이 : 최고 20㎝

날씬한 다리로 펄쩍펄쩍

큰귀뛰는쥐는 술이 있는 긴 꼬리로 몸의 균형을 잡으며 튼튼한 뒷다리로 아주 빨리 뛰어다닌다. 큰 귀로 위험을 알아챈다. 밤에 시원해지면 굴에서 나가 식물과 씨, 곤충 따위를 찾는다. 물을 거의 마시지 않고 먹이로부터 수분을 얻는다.

느시
Otis tarda
길이 : 1m

고비 사막에 아주 드물게 있는 샘 주변의 사막 식물

암컷을 꾀는 멋진 쇼

느시 수컷은 몸에 암컷을 꾀려고 목의 깃털을 세우고, 꼬리를 등 위로 올리고, 날개를 쫙 펴서 몸 양쪽에 두 송이의 커다란 흰 장미 모양을 만들어 보인다. 주로 걸어다니거나 뛰어다니지만, 날 수는 있다. 영어 이름 '버스터드'는 '걸어다니는 새'라는 뜻이다.

스텝거저리
Sternodes species
길이 : 2㎝

목숨을 지켜 주는 줄무늬

스텝거저리는 몸에 줄무늬가 있어 다른 동물들이 모래 위에 있는 이 벌레의 모습을 발견하기가 어렵다. 몸이 작고 단단한 갑옷에 둘러싸여 수분이 달아나는 것을 막아, 뜨거운 사막에서도 살아갈 수 있다.

유럽땅다람쥐
Spermophilus citellus
몸길이 : 20㎝

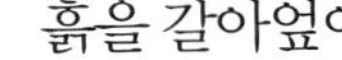

흙을 갈아엎어

유럽땅다람쥐는 땅 속에 굴을 파고 들어가 적과 심한 더위를 피한다. 큰 무리를 지어 살고 있어서 330㎡가 안 되는 땅에 굴을 12,000개까지 판다. 굴을 팔 때 흙을 갈아엎어 기름진 신선한 흙이 땅 표면으로 올라온다. 똥도 땅을 기름지게 하여 풀이 잘 자라게 한다.

히말라야 산맥
The Himalayas

세계에서 가장 높은 산을 비롯하여 아주 높은 산들이 있는 히말라야 산맥은 인도 북부에 약 2,400km나 뻗어 있다. 산꼭대기는 일 년 내내 눈과 얼음에 덮여 있다. 산기슭에는 열대림이 있고, 그보다 조금 높은 곳에는 진달래 종류의 식물과 대나무 숲과 초원이 펼쳐져 있으며, 산꼭대기 바로 아래에는 거친 툰드라가 있다. 높은 산 위에서는 곤충만이 살 수 있다. 이 곤충은 식물의 씨나 꽃가루, 인도 평원에서 센 바람에 날려 온 다른 곤충을 먹고 산다. 대부분의 동물은 산기슭의 숲이나 초원에서 살고 있다. 산에서 사는 동물은 몸이 두꺼운 모피에 싸여 있고 허파가 커서 춥고, 바람이 거세고, 공기가 희박한 곳에서 살 수 있다. 흰표범, 아이벡스 같은 동물은 겨울이 되면 눈이 조금밖에 없는 산기슭이나 골짜기로 내려간다. 마못이나 곰 같은 동물들은 겨울잠을 잔다.

우아한 모습
하누만랑구르원숭이는 나무 사이를 9m나 뛰어 건널 수 있다. 긴 꼬리로는 몸의 균형을 잡는다. 나뭇잎이나 열매, 꽃 등을 새끼에게 먹이는데, 특이하게 활동하는 위와 이랑진 이로 딱딱한 먹이를 소화한다. 이름은 힌두교의 원숭이 신의 이름을 따서 지었는데, 인도에서는 이 원숭이를 신성시 여긴다.

하누만랑구르원숭이
Presbytis entellus
몸길이 : 최고 1m
꼬리 길이 : 최고 1m

빛나는 무늬
부탄제비나비는 쉴 때 앞날개를 뒷날개 위에 포개어 뒷날개의 화려한 무늬를 감춘다. 갑자기 적이 나타나면 앞날개를 들어 뒷날개의 밝은 무늬를 드러낸다. 적을 순간적으로 교란시켜 도망칠 시간을 벌려는 것이다. 해발 1,500~2,700m의 히말라야 숲속에서 날아다닌다.

부탄제비나비
Bhutanitis lidderdalii
편 두 날개 길이 : 최고 11cm

높은 산 위의 사냥꾼
흰표범은 해발 5,500m나 되는 산에서 야생 양이나 염소를 잡아먹고 산다. 겨울이 되면 먹이가 되는 동물들이 산기슭으로 내려가기 때문에 따라 내려간다. 긴 털이 많이 나 있어 몸을 따뜻이 하고, 발바닥이 넓어 눈에 빠지지 않는다. 다 자란 흰표범은 혼자 생활하는데, 넓은 자기의 영역을 이리저리 돌아다닌다.

흰표범
Panthera uncia
몸길이 : 최고 1.5m
꼬리 길이 : 90cm

붉은꿩
Ithaginis cruentus
길이 : 46cm

붉은 줄무늬
붉은꿩은 수컷의 깃털에 붉은 줄무늬가 있다. 이 밝은 색은 짝지을 암컷의 눈에 수컷이 잘 띄도록 해 준다. 암컷의 깃털은 둥지에서 알을 품고 있는 동안 적의 눈에 잘 띄지 않는 갈색이다. 커다란 돌들 사이에 있는 풀숲에 둥지를 틀고, 소나무의 새싹, 이끼, 양치류 따위를 먹는다.

시베리아아이벡스
Capra ibex sibirica
어깨 높이 : 1m

아주 큰 뿔
시베리아아이벡스는 적들이 가까이 가기 어려운 바위산에서 쉽게 뛰어다닌다. 두꺼운 모피에 덮여 있어 겨울을 쉽게 날 수 있다. 겨울에는 좀더 낮은 지역으로 이동한다. 수컷은 아주 큰 뿔로 경쟁자인 다른 수컷들과 박치기를 한다.

산기슭의 초원은 초식 동물들에게 풍부한 먹이를 공급한다.

세계에서 가장 높은 산인 에베레스트 산은 히말라야 산맥의 대표적인 산이다.

나선형의 커다란 흰 뿔

야생 염소인 마코르는 최고 1.2m나 되는 나선형의 커다란 흰 뿔이 나 있다. 암컷과 수컷 모두 뿔이 있는데, 암컷의 뿔이 조금 작다. 털은 여름에는 짧고 부드럽지만, 겨울이 되면 길어져 추위를 막는다. 겨울에는 좀더 따뜻한 곳을 찾아 산기슭으로 내려가기도 한다. 사냥과 가축들로부터 전염된 병 때문에 거의 멸종된 상태이다.

마코르
Capra falconeri
몸길이 : 최고 1.6m
꼬리 길이 : 최고 14cm

꼬리에 불붙은 새?

오색꼬리치레는 날개와 꼬리에 빨간 무늬가 있어서 불이 붙어 있는 것처럼 보인다. 수컷의 무늬가 더 선명하다. 네팔에 있는 상록수림에서 사는데, 뾰족한 혀로 수액(나무 뿌리에서 줄기를 지나 잎으로 올라가는 액체)과 꽃의 꿀을 빨아먹는다.

오색꼬리치레
Myzornis pyrrhoura
편 두 날개 길이 : 13cm

타킨
Budorcas taxicolor
몸길이 : 1.2m
꼬리 길이 : 10cm

언제나 망을 보며

스텝마못은 추운 겨울 동안 따뜻하고 안전한 굴속에서 겨울잠을 잔다. 무리를 지어 사는데, 항상 한 마리가 망을 보고 있다가 위험하면 동료들에게 신호를 보낸다. 식물을 먹고 살고, 이른 아침에 굴에서 나가 먹이를 찾는다.

반달가슴곰
Selenarctos thibetanus
어깨 높이 : 90cm
몸길이 : 1.7m

굵고 튼튼한 다리

타킨은 굵고 튼튼한 다리와 커다란 발굽이 있어서 험한 비탈길을 잘 오르내릴 수 있다. 큰 무리를 지어 사는데, 여름에는 진달래 종류와 대나무가 우거진 높은 산에서 살다가 겨울에는 골짜기로 내려간다. 두꺼운 털이 몸을 따뜻하게 한다. 새끼는 태어나 사흘만 지나면 엄마를 따라 비탈길을 올라갈 수 있다.

스텝마못
Marmota bobak
몸길이 : 60cm
꼬리 길이 : 최고 16cm

치렁치렁한 털

야크는 털이 땅에 끌릴 만큼 길다. 긴 털 속에는 짧고 촘촘한 털이 있어서 추위를 잘 견딜 수 있다. 봄이 되면 속털을 갈기 때문에 아주 지저분해 보인다. 큰 몸집에 비해 움직임이 빠르고, 다리도 튼튼하다. 사람들이 마구 잡아 지금은 해발 4,500m쯤 되는 외딴 지역에서만 산다.

야크
Bos grunniens
어깨 높이 : 최고 2.2m
몸길이 : 3m

흰 반달 무늬

반달가슴곰은 겨울에는 먹이를 구하기가 어려워 동굴 속이나 나무에 뚫린 구멍 속에서 겨울잠을 잔다. 겨울잠을 자기 전, 가을에 먹이를 양껏 먹어 몸에 지방을 저장한다. 산비탈의 숲에서 사는데, 나무에 잘 기어오르고 헤엄도 잘 친다. 몸을 공처럼 구부리고 비탈길을 굴러 내려가기도 한다.

히말라야민목독수리
Gyps himalayensis
편 두 날개 길이 : 최고 2.9m

산중턱에 있는 나무들은 빗물을 흡수하여 흙이 빗물에 쓸려 가는 것을 막는다.

순식간에 뼈에서 살을

산악 지대에서는 동물들이 살아가기가 어려워서 히말라야민목독수리는 먹이인 죽은 동물을 많이 얻을 수 있다. 이 독수리의 무리는 영양 같은 작은 동물의 뼈에서 살을 다 발라내는 데 20분밖에 안 걸린다. 먹이를 한꺼번에 너무 많이 먹어서 날 수 없는 경우도 있다.

한국, 중국, 일본

The Far East

한반도는 반도를 따라 태백산맥이 있어 동서남북의 기후가 다양하다. 온대에 위치하고 있어 계절의 변화도 뚜렷하다. 사향노루, 반달가슴곰, 고니, 두루미, 흰꼬리수리 등 희귀 동물들이 살고 있다. 중국의 기후는 여름의 습기 찬 계절풍과 겨울의 북극해에서 불어오는 찬바람이 특색이다. 산지와 사막이 국토의 3분의 2를 차지하고 있어서 자이언트팬더나 시베리아호랑이 등 희귀 동물들에게 안전한 보금자리를 제공한다. 일본의 기후는 여름의 더위와 겨울의 추위가 심하지 않아 온난하며, 비가 많이 내린다. 많은 지역이 활엽수에 덮여 있다.

일본원숭이
Macaca fuscata
길이 : 최고 95cm
꼬리 길이 : 최고 30cm

온천 목욕

일본원숭이는 최고 40마리까지 무리를 지어 사는데, 수컷 한 마리가 무리를 이끈다. 북일본의 춥고 눈 덮인 산에서 사는 일본원숭이들은 겨울을 따뜻이 지내기 위해 뜨거운 온천에서 종종 목욕을 한다. 촘촘히 난 털도 몸을 따뜻이 해 준다. 지능이 발달해서 먹이를 물에 씻어 먹는 무리도 있다.

일본사슴
Cervus nippon
…이 : 최고 81…

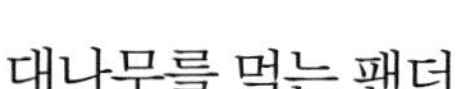

대나무를 먹는 팬더

자이언트팬더는 날마다 600개쯤 되는 대나무 줄기를 으드득으드득 씹어 먹는다. 하루에 16시간 동안 오직 먹기만 한다. 엄지손가락 안쪽에 혹 같은 것이 달려 있어서 대나무 줄기를 쥐기에 좋고, 목구멍 살은 튼튼해서 날카로운 대나무 조각에 상처를 입지 않는다. 중국 남서부에 있는 안개 짙은 숲 속에서 자기만의 영역을 가지고 살아간다. 방수가 잘 되는 두꺼운 털에 덮여 있어 몸이 항상 건조하고 따뜻하다. 갓 태어난 새끼는 분홍색을 띠고 있는데, 몸이 작고 눈이 안 보여 아무것도 할 수 없다. 석 달쯤 되면 걷기 시작하지만, 1년이 되기까지는 잘 걷지 못한다.

하얀 위험 신호

일본사슴은 놀라면 엉덩이에 난 하얀 털이 부풀어 오른다. 다른 일본사슴들이 이것을 보고 위험이 다가왔음을 안다. 여름이 되면 갈색 털에 흰 점들이 생겨 나무들 사이에 있으면 적의 눈에 잘 띄지 않는다. 그러나 겨울이 되면 털색깔이 짙어지고 흰 점이 대부분 사라진다. 일본사슴은 전 세계의 공원이나 숲에 퍼져 있다.

자이언트팬더
Ailuropoda melanoleuca
몸길이 : 최고 1.5m
꼬리 길이 : 13cm

금계
Chrysolophus pictus
길이 : 최고 1m

양쯔강돌고래
Lipotes vexillifer
길이 : 최고 2.4m

코먼투파이
Tupaia glis
몸길이 : 최고 23cm
꼬리 길이 : 최고 23cm

구애하는 화려한 색깔

중국 중앙부의 숲에서 사는 금계 수컷은 짝짓기할 암컷의 관심을 끌려고 화려한 색깔의 깃털을 자랑한다. 황금빛 깃털을 앞쪽으로 부채처럼 펼치면 부리까지 덮인다. 수컷과 암컷은 땅 위에 새 둥지를 틀어 알을 낳고 품는다. 새끼는 알에서 깨자마자 스스로 먹이를 찾아 먹을 수 있고, 일주일쯤 지나면 날 수도 있다.

쉬지 않는 동물

투파이는 활동적인 동물이어서 길고 끝이 뾰족한 코로 주위의 모든 것을 냄새 맡으며 쉬지 않고 돌아다닌다. 짝을 지어 살며, 땅 위나 땅 속의 나무뿌리 사이에 집을 짓는다. 수컷은 목에 있는 분비선에서 나오는 강한 냄새로 자기의 영역을 나타낸다.

메아리로 먹이를 찾는 돌고래

양쯔강돌고래는 민물에서 사는 아주 드문 돌고래이다. 시력이 약해서 주파수가 높은 초음파를 내어 그 소리가 물체에 닿아 되돌아오는 것을 기다려 먹이를 찾는다. 소리가 되돌아올 때까지 걸리는 시간으로 물체의 모양과 거리를 안다. 약 130개의 날카롭고 뾰족한 이로 물고기를 꽉 물어 잡을 수 있다. 긴 코 끝으로 진흙 속에서 새우를 찾기도 한다.

레서팬더
Ailurus fulgens
몸길이 : 최고 64㎝
꼬리 길이 : 최고 48㎝

나무에 오르는 팬더

레서팬더는 밤에 나타나 날카로운 발톱으로 나무에 빠르게 기어오른다. 주로 죽순과 땅속줄기, 풀, 나무 열매 따위를 먹는다. 고양이처럼 혀로 발바닥을 핥아서 깨끗이 한 다음 발바닥으로 털을 문질러 몸을 씻는다. 새끼는 태어나 한두 달이 지나면 자신을 지킬 줄 알지만, 일 년 이상 엄마와 함께 지낸다.

황하는 중국을 가로질러 흐른다. 물에 황토가 많아 강물이 황색으로 보인다.

일본장수도롱뇽
Andrias japonicus
길이 : 최고 1.8m

3억 년 전에 산 도롱뇽

일본장수도롱뇽은 세계에서 가장 큰 양서류이다. 찬 강물 속에서 사는데, 양쪽 옆구리를 따라 길게 나 있는 주름진 피부로 물속의 산소를 빨아들인다. 허파로 호흡하려고 물 위로 나오기도 한다.

산지의 숲이 일본 국토의 70%를 차지하고 있다.

중국 남서부 쓰촨 성(사천성)에 있는 대숲은 희귀한 자이언트팬더의 서식지이다.

한국호랑이
(시베리아호랑이)
Panthera tigris
몸길이 : 최고 2.4m
꼬리 길이 : 최고 90㎝

가장 큰 고양이

한국호랑이, 백두산호랑이 등으로 불리는 시베리아호랑이는 고양잇과 동물 중에 가장 크고 가장 희귀하다. 한반도를 비롯해 만주, 몽골, 러시아에 걸쳐 분포했었지만, 지금은 수백 마리밖에 안 남았다. 호랑이들은 자기들의 영역 가장자리에 몸 냄새, 똥, 발톱으로 긁은 자국을 남겨 영역을 나타낸다. 다른 호랑이들이 가까이 오지 못하게 지르는 소리는 3㎞ 밖에서도 들을 수 있다. 밤에 나타나 멧돼지, 사슴 등을 잡아먹는다.

향수의 원료가 되는 사향

사향노루 수컷은 배 아래쪽에 특수한 분비선이 있어 번식기가 되면 향기가 나는 사향이라는 물질을 만들어 낸다. 그래서 이 사향을 얻으려는 사람들 때문에 많은 사향노루가 죽음을 당했다. 사향은 향수를 만드는 데 쓰인다. 수컷은 7㎝쯤 되는 송곳니가 입 양쪽에서 밖으로 나와 있다. 번식기가 되면 수컷들은 이 송곳니로 싸우기도 하고, 목싸움을 벌이기도 한다.

아주 희귀한 동물

양쯔강악어는 겁이 많다. 서식지인 소택지가 파괴되고, 사람들이 기르려고 잡아가서 지금은 수백 마리밖에 안 남았다. 중국 동부 양쯔 강의 하류에서만 볼 수 있다. 춥고 건조한 겨울에는 동굴이나 굴속에서 겨울잠을 자다가 봄이 되면 밖으로 나가 짝을 찾는다. 그리고 새끼를 낳아 기른다. 달팽이, 조개, 쥐, 곤충 따위를 잡아먹는다.

사향노루
Moschus moschiferus
몸길이 : 1m
꼬리 길이 : 최고 5㎝

양쯔강악어
Alligator sinensis
길이 : 최고 2m

동남아시아와 인도

Southeastern Asia and India

인도는 계절 따라 계절풍이 달라져 기후가 변한다. 여름에는 폭우가 내리고 폭풍이 불고, 겨울은 시원하고 건조하다. 해안을 따라 이어진 맹그로브 습지, 내륙의 넓은 평원, 관목 지대, 활엽수림에 이르기까지 갖가지 서식지가 있다. 인도는 극동에서 온 동물들과 서유럽에서 온 동물들이 만나는 곳이기도 해서 코끼리나 코뿔소 같은 많은 동물들은 동남아시아나 아프리카에서 사는 동물들과 비슷하다. 동남아시아는 일 년 내내 따뜻하고 습도가 높아 열대 우림이 무성하다. 이 우림은 오랑우탄의 서식지이기도 하고, 엄청나게 많은 곤충이 사는 곳이기도 하다. 필리핀가죽날개원숭이 같은 동물은 날개처럼 변한 피부로 이 나무에서 저 나무로 날아다닌다. 지금은 많은 동물들이 멸종 위기에 놓여 있다. 자바코뿔소 같은 희귀 동물은 인도네시아 섬의 외딴 곳에서만 살아남아 있다.

히말라야
인더스 강
인도코끼리
인도공작
갠지스 강
인도코
나르마다 강
인도
아라비아해
고다바리 강
크리슈나 강
킹코브라
0 200 400 600 800 1000 km

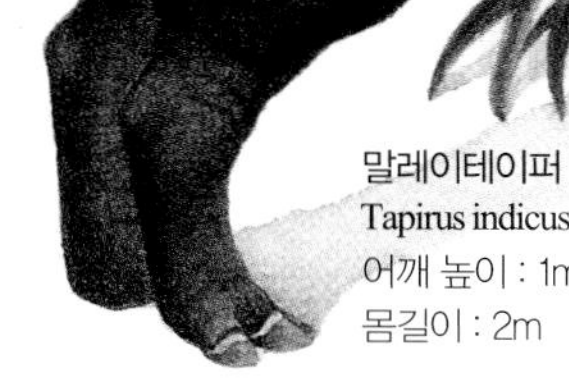

말레이테이퍼
Tapirus indicus
어깨 높이 : 1m
몸길이 : 2m

손처럼 쓰는 코

말레이테이퍼는 긴 코로 식물의 부드러운 어린 가지와 새싹, 열매를 뜯어 먹는다. 겁이 아주 많아서 주로 밤에 나타나 늘 다니는 작은 길을 따라 잡초 사이를 재빨리 달려간다. 헤엄을 아주 잘 쳐서 적을 피해 물속으로 들어가기도 한다.

두건을 쓴 것 같은 독사

킹코브라는 커다란 독 분비선이 있다. 물리면 코끼리는 4시간, 사람은 15분 내지 20분 안에 죽는다. 평소에는 숨어서 조용히 있지만, 알을 지킬 때는 공격적이다. 적을 위협할 때에는 '쉭쉭' 소리를 내고, 몸 앞부분을 곧게 세우고, 목둘레의 피부를 부풀려서 두건처럼 펼친다.

킹코브라
Ophiophagus hannah
길이 : 최고 6.7m

인도코끼리
Elephas maximus
몸길이 : 최고 6.4m
어깨 높이 : 최고 3.2m

아틀라스산누에나방
Attacus atlas
편 두 날개 길이 : 최고 30cm

눈 달린 날개

커다란 아틀라스산누에나방의 날개에 있는 눈 모양의 점들은 적들을 교란시킨다. 새들은 종종 진짜 눈 대신 가짜 눈을 쫀다. 수컷은 깃털처럼 생긴 더듬이가 있어서 짝짓기할 준비가 된 암컷이 내는 냄새를 맡을 수 있다. 그래서 나무들 속에서도 암컷을 찾을 수 있다.

나이 많은 암컷이 우두머리

인도코끼리는 아프리카코끼리와 비슷하다. 다른 점은 귀가 좀 작고, 등이 더 둥글고, 뒷발의 발톱이 아프리카코끼리는 세 개인데 인도코끼리는 네 개라는 것이다. 일부 수컷에만 상아가 있는데, 아프리카코끼리의 것보다 짧다. 혈연관계가 있는 것들끼리 무리를 지어 산다. 무리는 나이가 많은 암컷이 이끈다. 낮의 무더운 때는 쉬고, 나머지 시간에는 풀을 뜯는다.

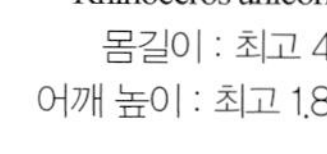

인도코뿔소
Rhinoceros unicornis
몸길이 : 최고 4m
어깨 높이 : 최고 1.8m

갑옷으로 무장

인도코뿔소는 관절이 있는 부분에 깊이 주름진 두꺼운 가죽으로 덮여 있다. 이 갑옷은 식물들의 날카로운 가시로부터 몸을 보호한다. 대개 혼자 떨어져서 살아가는데, 물에 들어가 목욕하는 것을 좋아한다. 뿔이 한약 재료로 쓰이면서 멸종 위기에 놓여 있다.

인도 북부의 숲에는 새들을 포함한 많은 동물들의 서식지가 있다.

인도와 동남아시아의 많은 섬들에는 해안을 따라 맹그로브 습지가 있다.

하늘에서 내려다본 보르네오 섬의 우림

커다란 깃털 부채

인도공작 수컷은 긴 꼬리 깃털을 펼쳐 커다란 부채를 만들어 흔들며 암컷을 꾄다. 꼬리 깃털의 둥근 '눈' 들이 암컷을 유혹한다. 번식기가 되면 수컷은 다른 수컷들이 가까이 오지 못하게 영역을 지킨다. 수컷들 사이의 싸움은 온종일 계속되기도 하지만, 상처를 입히는 경우는 드물다. 번식기가 지나면 수컷의 꼬리 깃털은 빠져 버린다.

인도공작
Pavo cristatus
몸길이 : 76㎝
꼬리 길이 : 1.5m

사람도 공격하는 큰 도마뱀

코모도왕도마뱀은 세계에서 가장 큰 도마뱀이다. 작은 사슴과 원숭이, 염소, 물소 따위를 잡아먹는데, 사람을 공격하여 죽이기도 한다. 입을 크게 벌릴 수 있어서 큰 먹이를 통째로 삼킬 수 있다. 밝은 노란색의 혀를 날름거리며 먹이의 맛을 보기도 하고, 냄새를 맡기도 한다.

코모도왕도마뱀
Varanus komodoensis
길이 : 최고 3m

가죽 날개

필리핀가죽날개원숭이는 팔, 다리, 꼬리 사이에 이어져 펼쳐진, 피부로 된 얇은 '날개' 가 있어서 나무에서 나무로 날아다닌다. 나무줄기를 기어 올라갈 때는 접은 날개가 거추장스러워 잘 올라가지 못한다. 땅 위에서는 무력하여 제대로 서지도 못한다. 어미가 숲을 날아다닐 때 새끼는 어미의 목에 꼭 붙어 있다.

필리핀가죽날개원숭이
Cynocephalus volans
몸길이 : 최고 42㎝
꼬리 길이 : 최고 27㎝

키티돼지코박쥐
Craseonycteris thonglongyai
길이 : 3.3㎝
편 두 날개 길이 : 12㎝

가장 작은 포유동물

1973년에 처음으로 발견된 키티돼지코박쥐는 세계에서 가장 작은 포유동물이다. 벌보다 작아서 '호박벌 박쥐' 라고도 불린다. 아주 희귀한 박쥐로, 타이에 있는 열대 우림의 깊숙한 동굴 속에서만 산다. 코가 돼지코처럼 생겨서 나뭇잎에 붙어 있는 곤충이나 무척추 동물을 잡아먹기에 좋다.

기어 다니는 물고기

말뚝망둥어는 팔 같은 지느러미로 맹그로브 습지의 진흙 위를 기어 다닌다. 등을 위로 둥글게 구부렸다 폈다 하며 펄쩍펄쩍 뛰어다니기도 한다. 밀물 때가 되어 물이 차오르면 나무 위로 기어 올라가 두 개의 꼬리지느러미가 합쳐져 만들어진 '빨판' 으로 나뭇가지에 꽉 달라붙는다.

말뚝망둥어
Periophthalmus modestus
길이 : 22㎝

코주부원숭이
Nasalis larvatus
길이 : 최고 76㎝
꼬리 길이 : 최고 76㎝

오랑우탄
Pongo pygmaeus
키 : 최고 1.5m

확성기 코

코주부원숭이 수컷의 큰 코는 소리를 질러 동료들에게 위험을 알릴 때 확성기 역할을 한다. 소리를 지르는 동안에는 코가 곧아지고, 화를 내거나 흥분하면 빨갛게 부풀어 오른다. 먹이를 먹을 때는 거추장스럽다. 이 원숭이는 긴 꼬리로 몸의 균형을 잡으며 날쌔게 맹그로브 숲 속을 뛰어다닌다. 손가락, 발가락이 길어서 나뭇가지를 붙잡기에 좋다.

그네 뛰는 유인원

오랑우탄은 발목까지 이르는 길고 힘센 두 팔을 이용해 나뭇가지를 잡으며 나무에서 나무로 그네 뛰듯 옮아 다닌다. 땅에서는 똑바로 서거나 엎드려서 기어 다닌다. 밤이 되면 나무 위에 나뭇가지들을 모아 만든 집에서 잔다. '오랑우탄' 은 말레이 말로 '정글 사람' 이라는 뜻이다.

오스트레일리아의 오지

The Outback

사막을 비롯한 메마른 평원이 오스트레일리아 대륙의 3분의 2 이상을 차지한다. 이 지역은 대부분 일 년 동안 강수량이 250㎜ 미만이다. 아무 때나 비가 오기는 하지만, 가뭄이 오랫동안 계속될 때가 많아 동물들이 살아가기가 어렵다. 많은 동물이 낮에는 더위를 피해 시원하고 습기가 있는 땅 속 굴에서 지낸다. 일부 작은 포유동물은 가장 더운 여름 동안 땅 속에서 여름잠을 잔다. 대부분의 동물들이 물을 거의 마시지 않고도 살아갈 수 있다. 먹이로부터 수분을 얻어 몸속에 저장하고, 오줌을 눌 때 아주 적은 물만 내보낸다.

풀숲메거포드
Leipoa ocellata
길이 : 60㎝

퇴비를 쌓아 튼 둥지

풀숲메거포드 수컷은 퇴비를 쌓아 올려 암컷이 알을 낳을 커다란 둥지를 튼다. 퇴비가 썩으면서 내는 열이 알을 따뜻하게 한다. 수컷은 혀와 입 속의 피부로 둥지 속의 온도를 잰다. 새끼가 깨면 새끼를 둥지 밖으로 몰아내 버린다.

가시두더지
Tachyglossus aculeatus
길이 : 50㎝
가시 길이 : 6㎝

오스트레일리아 중앙부에 있는 '에어스 록'은 세계에서 가장 큰 바위이다.

겁 주는 목의 이상한 피부

목도리도마뱀은 공격을 받으면 목 주위에 있는 늘어진 피부를 갑자기 펼친다. 그러면 몸이 네 배쯤 커 보여 훨씬 더 무서운 느낌을 준다. 입 속의 선명한 색깔도 적을 쫓아 버리는 데 도움이 된다.

목도리도마뱀
Chlamydosaurus kingii
꼬리를 합친 길이 : 1m

가시 돋친 코트

가시두더지는 몸에 날카로운 털이 나 있어서 적으로부터 자신을 지킨다. 공격을 받으면 몸을 둥글게 말거나 발밑의 땅을 뚫고 들어간다. 이렇게 하여 가시가 없는 얼굴과 배 부분을 지킨다.

긴귀밴디쿠트
Macrotis lagotis
꼬리를 합친 길이 : 45㎝

바오밥 나무는 껍질 안쪽에 물을 저장하여 메마른 지역에서도 살아갈 수 있다.

깊은 굴

긴귀밴디쿠트는 단단한 발톱으로 최고 2m 길이의 굴을 판다. 암컷의 주머니는 꼬리 아래에서 열리게 되어 있어 새끼가 더러워지는 것을 막는다. 낮에는 더위를 피해 굴속에서 지낸다.

에뮤
Dromaius novaehollandiae
키 : 2m

튼튼한 다리로 빨리 달리기

에뮤는 날지 못하지만, 튼튼한 다리와 큰 발이 있어서 시속 48㎞까지 달릴 수 있다. 타조 다음으로 세계에서 큰 새이다. 풀, 딸기, 식물의 열매, 곤충 따위를 먹는데, 작은 돌과 못, 동전 같은 것도 삼켜 버린다. 수컷이 8주 동안 알을 품으면서 몸무게가 8kg이나 빠진다. 알에서 깬 새끼는 1년 반쯤 아빠를 따라다닌다.

호주왕도마뱀
Varanus giganteus
꼬리를 합친 길이 : 최고 2.4m

거대한 도마뱀

호주왕도마뱀은 아주 큰 도마뱀이다. 힘센 턱과 날카롭고 굽은 이, 커다란 발톱이 있어서 뱀, 다른 도마뱀, 토끼, 새, 작은 캥거루까지 잡아먹을 수 있다. 자신을 지키려고 적을 향해 무거운 꼬리를 좌우로 마구 휘두른다.

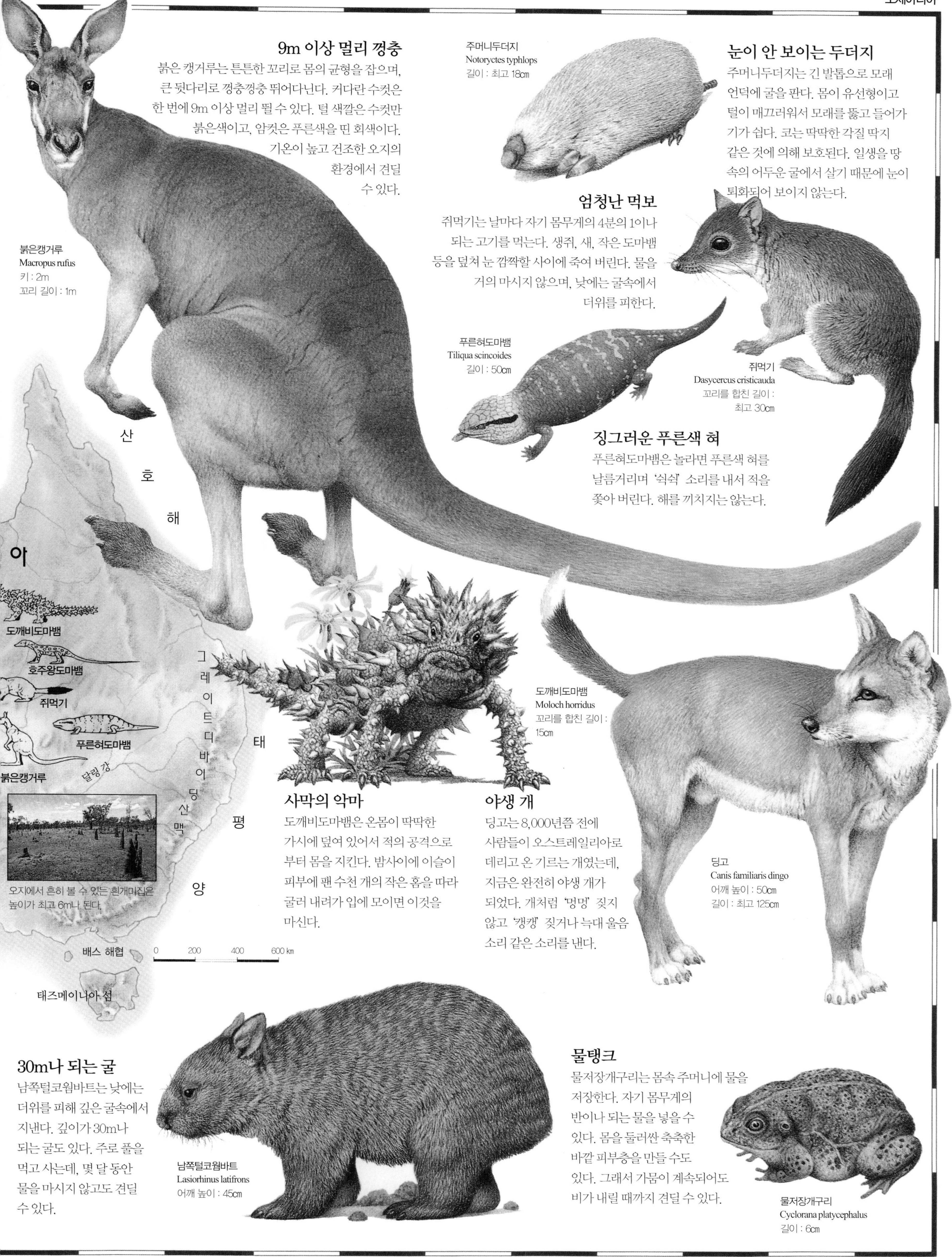

오지에서 흔히 볼 수 있는 흰개미집은 높이가 최고 6m나 된다.

9m 이상 멀리 껑충

붉은 캥거루는 튼튼한 꼬리로 몸의 균형을 잡으며, 큰 뒷다리로 껑충껑충 뛰어다닌다. 커다란 수컷은 한 번에 9m 이상 멀리 뛸 수 있다. 털 색깔은 수컷만 붉은색이고, 암컷은 푸른색을 띤 회색이다. 기온이 높고 건조한 오지의 환경에서 견딜 수 있다.

붉은캥거루
Macropus rufus
키 : 2m
꼬리 길이 : 1m

주머니두더지
Notoryctes typhlops
길이 : 최고 18㎝

눈이 안 보이는 두더지

주머니두더지는 긴 발톱으로 모래 언덕에 굴을 판다. 몸이 유선형이고 털이 매끄러워서 모래를 뚫고 들어가기가 쉽다. 코는 딱딱한 각질 딱지 같은 것에 의해 보호된다. 일생을 땅 속의 어두운 굴에서 살기 때문에 눈이 퇴화되어 보이지 않는다.

엄청난 먹보

쥐먹기는 날마다 자기 몸무게의 4분의 1이나 되는 고기를 먹는다. 생쥐, 새, 작은 도마뱀 등을 덮쳐 눈 깜짝할 사이에 죽여 버린다. 물을 거의 마시지 않으며, 낮에는 굴속에서 더위를 피한다.

푸른혀도마뱀
Tiliqua scincoides
길이 : 50㎝

쥐먹기
Dasycercus cristicauda
꼬리를 합친 길이 : 최고 30㎝

징그러운 푸른색 혀

푸른혀도마뱀은 놀라면 푸른색 혀를 날름거리며 '쉭쉭' 소리를 내서 적을 쫓아 버린다. 해를 끼치지는 않는다.

도깨비도마뱀
Moloch horridus
꼬리를 합친 길이 : 15㎝

사막의 악마

도깨비도마뱀은 온몸이 딱딱한 가시에 덮여 있어서 적의 공격으로부터 몸을 지킨다. 밤사이에 이슬이 피부에 팬 수천 개의 작은 홈을 따라 굴러 내려가 입에 모이면 이것을 마신다.

야생 개

딩고는 8,000년쯤 전에 사람들이 오스트레일리아로 데리고 온 기르는 개였는데, 지금은 완전히 야생 개가 되었다. 개처럼 '멍멍' 짖지 않고 '갱갱' 짖거나 늑대 울음소리 같은 소리를 낸다.

딩고
Canis familiaris dingo
어깨 높이 : 50㎝
길이 : 최고 125㎝

30m나 되는 굴

남쪽털코웜바트는 낮에는 더위를 피해 깊은 굴속에서 지낸다. 깊이가 30m나 되는 굴도 있다. 주로 풀을 먹고 사는데, 몇 달 동안 물을 마시지 않고도 견딜 수 있다.

남쪽털코웜바트
Lasiorhinus latifrons
어깨 높이 : 45㎝

물탱크

물저장개구리는 몸속 주머니에 물을 저장한다. 자기 몸무게의 반이나 되는 물을 넣을 수 있다. 몸을 둘러싼 축축한 바깥 피부층을 만들 수도 있다. 그래서 가뭄이 계속되어도 비가 내릴 때까지 견딜 수 있다.

물저장개구리
Cyclorana platycephalus
길이 : 6㎝

열대 우림과 숲 *Rainforests and Woods*

오스트레일리아 북동부의 열대 우림 지역에는 검은얼굴나무오름캥거루부터 화려한 극락조까지 특이한 동물들이 살고 있다. 비슷한 야생 생물들이 오스트레일리아에서 북동쪽으로 조금 떨어져 있는 뉴기니 섬의 안개 짙은 숲속에서도 발견된다. 오스트레일리아 남서부와 남동부에는 북동부의 열대 우림 지역보다 시원하고 건조한 유카리나무(유칼립투스) 숲이 있다. 많은 새들이 겨울과 초봄에 이곳에 둥지를 튼다. 유카리나무, 꽃나무, 관목 등이 앵무새와 박쥐 같은 동물들에게 꿀과 꽃가루를 공급한다. 반대로 이 동물들은 식물들의 가루받이를 도와 씨를 맺도록 해 준다.

꿀을 빨아 먹는 혀
서방송곳부리꿀빨기새는 길고 굽은 부리로 꽃의 꿀을 찾는다. 혀끝에 솔처럼 털이 나 있어서 꿀을 적시고, 혀 양쪽이 빨대처럼 둥글게 말려 꿀을 빨아들인다.

서방송곳부리꿀빨기새
Acanthorhynchus superciliosus
길이 : 15cm
부리 길이 : 3cm

무서운 독
타이판독뱀 한 마리가 가진 독으로 125,000마리의 쥐를 죽일 수 있다. 길이가 1cm쯤 되는 독니로 먹이의 몸에 독을 깊숙이 뿜어 넣는다. 대체로 겁이 많지만, 위험을 느끼면 아주 사나워진다.

타이판독뱀
Oxyuranus scutellatus
길이 : 최고 3.6m

깔때기거미
Atrax robustus
길이 : 3cm

독거미
깔때기거미는 입구가 깔때기처럼 생긴 굴에 거미줄을 쳐 놓는다. 그리고 밤이 되면 나와 독니에서 뿜어 나오는 강한 독으로 작은 동물이나 곤충 따위를 잡는다. 사람을 죽일 수 있는 몇 안 되는 거미 중 하나이다.

뉴기니의 동부에 있는 울창한 우림의 식물들

미끄러지지 않는 발바닥
검은얼굴나무오름캥거루는 튼튼하고 넓적한 발, 까칠까칠해서 미끄러지지 않는 발바닥 살, 날카롭고 굽은 발톱이 있어 나무에 잘 오를 수 있다. 긴 꼬리는 나뭇가지 위에 있을 때는 몸의 균형을 잡고, 나뭇가지에서 나뭇가지로 뛰어다닐 때는 방향을 잡는다.

검은얼굴나무오름캥거루
Dendrolagus lumholtzi
몸길이 : 최고 76cm
꼬리 길이 : 최고 91cm

오스트레일리아 해안의 평지에는 야자나무가 많다.

우쭐거리는 춤
오색장수앵무는 깡충깡충 뛰기도 하고, 우쭐거리는 몸짓으로 춤을 추기도 한다. 다른 앵무새들에게 자기의 영역으로 오지 말라는 경고이다. 수컷은 이와 비슷한 춤을 추어 암컷을 꾄다.

오색장수앵무
Trichoglossus haematodus
길이 : 30cm

그레이트디바이딩 산맥의 우림

모피 낙하산
주머니하늘다람쥐는 양쪽 앞다리와 뒷다리 사이에 있는 얇은 막을 낙하산처럼 펼치고 나무들 사이를 활공한다. 한 번에 50m 이상 날 수 있다. 곤충, 꿀, 식물의 열매, 유카리나무의 수액 따위를 먹는다. 달콤한 유카리나무의 수액을 좋아해서 영어 이름이 '설탕 글라이더'이다.

주머니하늘다람쥐
Petaurus breviceps
몸길이 : 17cm
꼬리 길이 : 20cm

특별한 먹이

코알라는 몇 종류의 유카리나무 잎만 먹는다. 뺨 안쪽에 잎을 넣어 두는 주머니가 있고, 창자가 아주 길어서 소화를 돕는다. 수분은 주로 먹이에서 얻고, 물을 거의 마시지 않는다. '코알라'는 '물을 마시지 않는다'는 원주민 말에서 비롯되었다. 발가락을 둥글게 구부릴 수 있고, 발톱이 날카로워서 나뭇가지를 꽉 잡을 수 있다.

코알라
Phascolarctos cinereus
길이 : 80㎝

알렉산드왕나비
Ornithoptera alexandrae
편 두 날개 길이 : 최고 28㎝

가장 큰 나비

알렉산드왕나비는 세계에서 가장 큰 나비이다. 나비수집가들이 마구 잡고, 우림이 많이 파괴되어 지금은 희귀해졌다. 햇빛이 나무들 사이로 비쳐 드는 높은 곳에서 잘 날아다닌다.

도마뱀붙이
Phyllurus cornutus
길이 : 30㎝

보이지 않는 몸

도마뱀붙이는 낮에는 우림의 이끼 낀 나무줄기에 붙어 있는데, 모습이 완전히 나무줄기 같아 잘 드러나지 않는다. 몸이 납작하여 그림자를 거의 만들지 않고, 피부에 가시가 많아 몸의 윤곽이 잘 안 보인다.

붉은장식풍조
Paradisaea raggiana
몸길이 : 최고 95㎝
꼬리 깃털 길이 : 50㎝

환상적인 깃털

붉은장식풍조 수컷은 화려한 깃털을 뽐내는 것으로 다른 수컷들과 경쟁하여 암컷을 차지한다. 뽐낼 때에는 나뭇가지에 거꾸로 매달리기도 한다. 암컷은 아주 평범하게 생겼다.

꽃가루와 꿀을 먹는 쥐

꿀꼬마주머니쥐는 뾰족한 주둥이로 꽃가루와 꿀, 곤충을 찾아낸다. 가늘고 긴 혀끝에 나 있는 빳빳한 털에 꽃가루와 꿀을 묻혀 먹는다.

꿀꼬마주머니쥐
Tarsipes spenserae
몸길이 : 8㎝

이가 많은 포유동물

주머니개미핥기는 긴 혀로 개미를 핥아 먹는다. 약 50개의 이가 있는데, 육지의 포유동물 중에서 가장 많다.

웃는물총새
Dacelo gigas
길이 : 45㎝

주머니개미핥기
Myrmecobius fasciatus
몸길이 : 최고 30㎝
꼬리 길이 : 최고 20㎝

자명종 새

웃는물총새는 시끄러운 웃음소리 같은 소리를 내어 다른 웃는물총새들이 영역에 오지 못하게 한다. 대개 새벽에 소리를 내어 사람들을 깨워 놓는다. 주로 쥐와 곤충, 작은 뱀 따위를 잡아먹는다.

대보초 *The Barrier Reef*

오스트레일리아 북동쪽 해안을 따라 약 2,000km나 뻗어 있는 대보초는 세계에서 가장 큰 산호초이다. 수백만 년 동안 죽은 산호의 석회질 뼈대들이 서로 엉겨서 하나의 산호초를 이룬다. 산호초는 따뜻하고, 염분이 많고, 햇빛이 충분히 비치는 얕은 바닷물 속에서만 이루어진다. 대보초에는 1,500종 이상의 어류, 350종 이상의 산호, 여러 종류의 해면동물이 살고 있다.

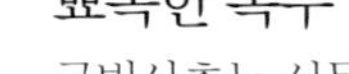

뾰족한 촉수

금빛산호는 식물처럼 보이지만 사실은 동물이다. 가시 같은 뾰족뾰족한 촉수로 물속에서 떠다니는 작은 생물들을 잡아먹는다.

금빛산호
Tubastrea aurea
각 산호의 지름 : 8㎜

해초날도마뱀
Phyllopteryx eques
길이 : 최고 25㎝

해초 같은 용

해초날도마뱀은 물고기이다. 피부가 누덕누덕하고 너울거리기 때문에 바다에 떠다니는 해초처럼 보여 적으로부터 몸을 잘 숨길 수 있다. 수컷은 다른 해마들처럼 배에 있는 특수한 주머니에 알을 넣어 가지고 다닌다.

무거운 조개

자이언트조개는 무게가 250kg까지 나간다. 보통은 껍데기를 벌리고 먹이를 먹는데, 위험이 닥치면 단단한 근육을 오무려 재빨리 껍데기를 닫는다. 수백 년 동안 살 수 있다.

매력적인 모습

가시나비고기는 밝은 색깔의 무늬가 있어서 서로를 잘 알아보아 짝을 찾는 데 도움이 된다. 종류에 따라 사는 곳이 다르고 먹이도 달라서 싸움이 없다.

자이언트조개
Tridacna
껍데기 나비 : 최고 1.5m

가시나비고기
Chaetodon auriga
길이 : 최고 20㎝

가시면류관불가사리
Acanthaster planci
지름 : 최고 60㎝

산호초의 적

가시면류관불가사리는 위를 몸 밖으로 뒤집어 살아 있는 산호 위에 소화액을 쏟아 부어 산호를 잡아먹는다. 그러면 산호의 뼈만 남는다. 한 마리가 하루에 1,800㎠나 되는 곳의 산호를 먹어 대보초에 많은 해를 주고 있다.

웅놀래기
Labroides dimidiatus
길이 : 최고 30㎝

특별한 친구

말미잘은 독이 있는 촉수로 작은 물고기를 잡아먹는다. 그런데 흰동가리돔은 이 독에 해를 입지 않아 적들로부터 안전한 말미잘 촉수 사이에서 산다. 대신 다른 고기들을 말미잘의 촉수 속으로 꾀어 들여 잡아먹게 해 준다.

공짜 먹이

웅놀래기의 영어 이름은 '청소부 고기'이다. 산호초에서 사는 다른 고기들의 몸(겉 또는 속)에 있는 기생충과 그 고기들의 떨어진 비늘을 먹기 때문이다. 다른 고기들이 공격하면 춤을 추어서 친구임을 알린다.

갯나리, 산호, 해면동물이 있는 바닷속 풍경

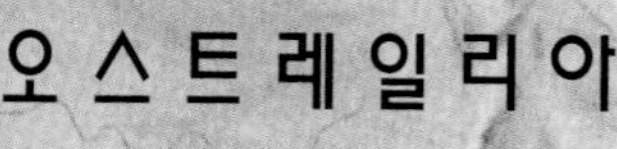

대보초는 아주 커서 달에서도 보인다.

산호는 바닷물에 덮이지 않으면 밝은 색을 잃는다.

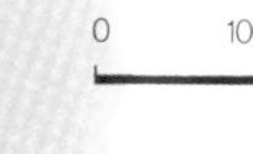

흰동가리돔
Amphiprion percula
길이 : 6㎝

말미잘
Stoichactis
너비 : 최고 1m

태즈메이니아

Tasmania

서늘하고 습기가 많은 태즈메이니아 섬은 한때 오스트레일리아 대륙과 붙어 있었지만, 지금은 배스 해협에 의해 떨어져 있다. 섬이 고립되어 있어서 독특한 모습으로 진화한 동물이 많다. 많은 희귀 동물이 고양이와 쥐, 개가 없는 남서부의 고든 강과 프랭클린 강 근처 지역에서 살고 있다. 사람들이 태즈메이니아로 데려온 고양이와 쥐, 개에 의해 토착 유대류(주머니가 있는 포유동물) 동물들이 쫓겨난 것이다.

날기 싫어하는 새

땅앵무는 주로 땅에서 지낸다. 날 수는 있지만, 200m 이상 나는 경우는 거의 없다. 밤에 활동하는데, 적의 습격을 받을 위험이 적기 때문이다.

땅앵무
Pezoporus wallicus
몸길이 : 30㎝

숲의 악마

태즈메이니아데빌('태즈메이니아의 악마' 라는 뜻)은 몸이 검고 으르렁거리기 때문에 이런 이름이 붙었다. 턱과 이가 강해서 먹이의 뼈를 으깰 수 있다. 뼈, 털, 가죽, 깃털까지 조금도 남기지 않고 먹어 치운다. 겁이 많아서 사람을 보면 달아난다.

태즈메이니아데빌
Sarcophilus harrisi
어깨 높이 : 30㎝
몸길이 : 70㎝

커다란 입

주로 밤에 사냥을 하는 주머니고양이는 유대류이다. 입을 아주 크게 벌릴 수 있고, 이가 크고 뾰족하다. 발톱이 날카롭고, 뒷발에 튀어나온 살이 있어서 나무를 잘 탄다.

주머니고양이
Dasyurops maculatus
어깨 높이 : 30㎝
몸길이 : 70㎝

우거진 식물이 태즈메이니아 섬 남서부의 프랭클린 강둑을 뒤덮고 있다.

태즈메이니아 섬의 산지는 대부분 숲에 덮여 있다.

뼈로 된 부리

오리너구리는 포유동물인데도 새끼를 낳지 않고 알을 낳는다. 부리가 뼈로 되어 있고, 피부에 덮여 있다. 헤엄칠 때는 귀를 닫고 눈을 감고 민감한 부리로 먹이를 찾는다. 물속에서 5분까지 견딜 수 있다.

오리너구리
Ornithorhynchus anatinus
꼬리를 합친 길이 : 53㎝
부리 길이 : 10㎝

아주 희귀한 동물

유대류인 주머니이리는 멸종되었다고 생각했었지만, 몇 마리가 아직도 태즈메이니아의 깊숙한 곳에 살아 있다. 다리와 이, 짖는 소리가 개와 비슷하고, 꼬리는 캥거루의 꼬리처럼 크다. 양처럼 큰 동물도 죽일 수 있다.

주머니이리
Thylacinus cynocephalus
몸길이 : 1.2m
꼬리 길이 : 60㎝

땅굴을 파는 왈라비

캥거루의 일종인 붉은배숲왈라비는 숲의 우거진 잡초 아래에 통로가 복잡하게 얽혀 있는 굴을 판다. 이 굴에서 크게 무리를 지어 산다. 위험을 느끼면 뒷발로 땅을 쳐서 무리에게 알린다.

붉은배숲왈라비
Thylogale billardierii
키 : 70㎝
꼬리 길이 : 40㎝

뉴질랜드 New Zealand

뉴질랜드의 섬들은 기후가 서늘하고 습기가 많아 숲과 초원이 우거졌다. 약 8,000만 년 전, 뉴질랜드가 다른 대륙으로부터 떨어졌을 당시에는 전 세계적으로 포유동물의 종류와 수가 적었다. 그래서 뉴질랜드에서는 오직 두 종류의 포유동물만 살아 왔는데, 모두 박쥐이다. 뉴질랜드에 포유동물이 적다는 사실은 조류에게 아주 유리하다. 날지 못하는 새들이 땅 위에서 많이 살고 있는 것은 이들을 위협하는 포유동물이 없기 때문이다.

세로줄무늬키위
Apteryx australis
키 : 35㎝
부리 길이 : 15㎝

텁수룩한 깃털

세로줄무늬키위는 날지 않는다. 텁수룩한 깃털이 몸을 덮고 있다. 굴속에서 사는데, 밤이 되면 나가서 벌레와 곤충을 잡아먹는다. 민감한 귀, 부리 끝에 있는 예민한 코로 먹이를 찾는다.

기어 다니는 박쥐

희귀한 짧은꼬리박쥐는 땅 위를 잘 기어 다닌다. 네 다리로 빨리 달릴 수도 있고, 가파른 언덕을 올라갈 수도 있다. 발바닥이 주름진 크고 넓은 발이 있어서 물체를 꽉 쥘 수 있다.

짧은꼬리박쥐
Mystacina tuberculata
길이 : 최고 6㎝

해밀튼옛개구리
Leiopelma hamiltoni
길이 : 최고 5㎝

고대의 개구리

해밀튼옛개구리 같은 희귀한 개구리는 1억 5,000만 년 전에 많이 살았다. 이 개구리는 고막과 울음 주머니가 없다. 새끼개구리가 될 때까지 알 속에서 자라 꼬리로 알을 쳐서 깨고 나온다.

북 섬 동부에 있는 언덕의 비탈에서는 양과 젖소를 기른다.

날지 않는 앵무새

카카포는 날지 못하는 유일한 앵무새이다. 날개가 아주 짧아 나무 위에서 활공해 내려갈 때만 쓴다. 그러나 아주 빨리 달릴 수 있다. 밤에 나타나 딸기, 나무뿌리, 나뭇잎, 도마뱀을 먹는다.

케아
Nestor notabilis
길이 : 46㎝

등산화도 쪼아 먹는 앵무새

케아는 눈 쌓인 남알프스 산맥에서 사는 특이한 앵무새이다. 눈 속에서 나무뿌리나 어린 가지를 부리로 파먹기도 하고, 고기를 먹기도 한다. 그리고 등산가들의 등산화를 쪼아 먹기도 하고, 텐트를 찢기도 한다.

남알프스 산맥에는 빙하에 의해 팬 호수가 많다.

뉴질랜드의 숲에는 상록수와 나무 고사리가 가장 많다.

카카포
Strigops habroptilus
길이 : 63㎝

옛도마뱀
Sphenodon punctatus
길이 : 최고 60㎝

놀라운 생존자

옛도마뱀은 공룡 시대에 살았던 파충류와 관계가 있다. 수컷은 머리와 등에 있는 가시를 세워서 다른 동물들을 위협한다. 영어 이름은 마오리 족 말로 '등의 가시'라는 뜻의 '투어타라'이다. 120년 동안 살 수 있다.

남극 대륙 *Antarctica*

남극 대륙은 세계에서 가장 춥다. 평균 기온은 영하 49℃. 겨울에는 밤만 계속되는데, 영하 89.2℃까지 내려간 기록이 있다. 풍속이 시속 322㎞까지 이를 만큼 세계에서 바람이 가장 센 곳이다. 대륙 대부분이 항상 얼음에 덮여 있는데, 얼음의 두께가 4㎞ 이상 되는 곳도 있다. 환경이 혹독해서 작은 곤충과 거미만 살아 왔다. 그러나 남극 대륙 둘레의 바다에는 먹이가 풍부하여 많은 동식물이 살고 있다. 여름에는 물범과 수백만 마리의 펭귄, 바닷새 등이 번식을 위해 남극 해안으로 몰려든다.

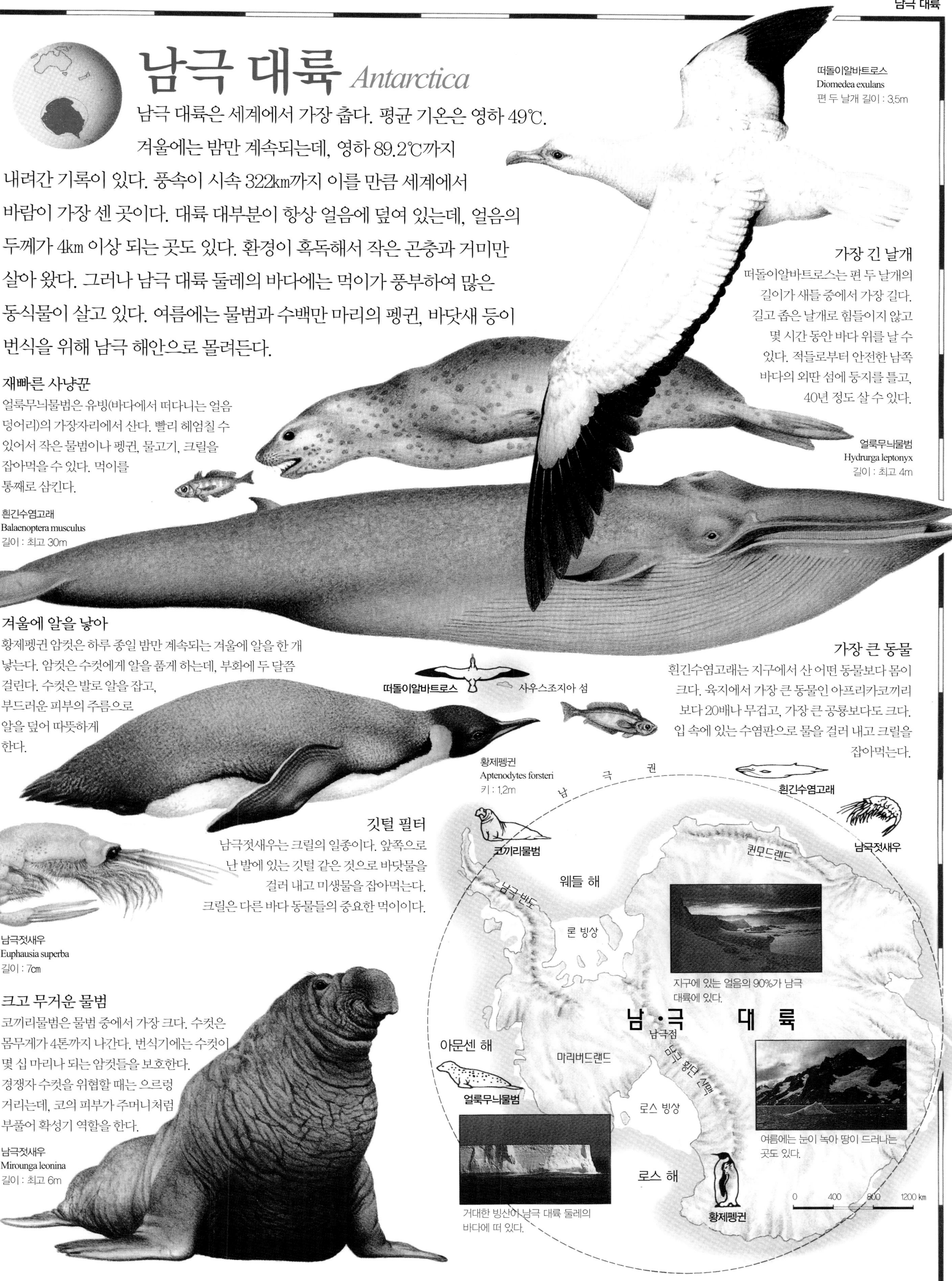

지구에 있는 얼음의 90%가 남극 대륙에 있다.

여름에는 눈이 녹아 땅이 드러나는 곳도 있다.

거대한 빙산이 남극 대륙 둘레의 바다에 떠 있다.

가장 긴 날개

떠돌이알바트로스는 편 두 날개의 길이가 새들 중에서 가장 길다. 길고 좁은 날개로 힘들이지 않고 몇 시간 동안 바다 위를 날 수 있다. 적들로부터 안전한 남쪽 바다의 외딴 섬에 둥지를 틀고, 40년 정도 살 수 있다.

재빠른 사냥꾼

얼룩무늬물범은 유빙(바다에서 떠다니는 얼음 덩어리)의 가장자리에서 산다. 빨리 헤엄칠 수 있어서 작은 물범이나 펭귄, 물고기, 크릴을 잡아먹을 수 있다. 먹이를 통째로 삼킨다.

겨울에 알을 낳아

황제펭귄 암컷은 하루 종일 밤만 계속되는 겨울에 알을 한 개 낳는다. 암컷은 수컷에게 알을 품게 하는데, 부화에 두 달쯤 걸린다. 수컷은 발로 알을 잡고, 부드러운 피부의 주름으로 알을 덮어 따뜻하게 한다.

가장 큰 동물

흰긴수염고래는 지구에서 산 어떤 동물보다 몸이 크다. 육지에서 가장 큰 동물인 아프리카코끼리보다 20배나 무겁고, 가장 큰 공룡보다도 크다. 입 속에 있는 수염판으로 물을 걸러 내고 크릴을 잡아먹는다.

깃털 필터

남극젓새우는 크릴의 일종이다. 앞쪽으로 난 발에 있는 깃털 같은 것으로 바닷물을 걸러 내고 미생물을 잡아먹는다. 크릴은 다른 바다 동물들의 중요한 먹이이다.

크고 무거운 물범

코끼리물범은 물범 중에서 가장 크다. 수컷은 몸무게가 4톤까지 나간다. 번식기에는 수컷이 몇 십 마리나 되는 암컷들을 보호한다. 경쟁자 수컷을 위협할 때는 으르렁거리는데, 코의 피부가 주머니처럼 부풀어 확성기 역할을 한다.

놀라운 동물들 *Amazing Animals*

가장 큰 새
아프리카타조. 수컷은 키가 2.7m, 몸무게가 156kg에 이른다. 그리고 가장 빠른 두 발 달린 동물로, 시속 72km까지 달릴 수 있다.

가장 긴 날개
떠돌이알바트로스. 편 두 날개의 길이가 3.5m가 넘는다. 때로는 하루에 900km나 난다.

가장 큰 동물
흰긴수염고래. 지구에서 산 모든 동물 가운데 가장 큰 동물이기도 하다. 몸무게가 150톤, 커다란 혀가 4톤에 이른다.

긴 꼬리
중앙아메리카에서 사는 장식비단날개새 수컷은 꼬리 깃털이 몸길이의 두 배가 넘는다. 수컷은 이 멋진 꼬리로 암컷을 꾀는데, 번식기가 지나면 꼬리 깃털이 빠진다.

육지에서 가장 큰 동물
아프리카코끼리. 커다란 수컷은 몸무게가 약 6톤, 어깨 높이가 3.5m나 된다. 다 자란 상아 한 개의 무게는 약 4.5kg이다.

고귀한 대형 나비
파푸아뉴기니의 알렉산드왕나비는 세계에서 가장 크고 무거운 나비이다. 편 두 날개의 길이가 최고 28cm나 된다.

기다란 목
기린은 키가 5.5m가 넘는다. 긴 목은 사람이나 다른 포유동물처럼 일곱 개의 척추로 이루어졌다. 혀의 길이는 45cm이다.

가장 작은 새
쿠바에서 사는 꿀벌새. 다 자란 수컷의 길이가 6cm밖에 안 되는데, 길이의 반을 부리와 꼬리가 차지한다.

가장 무거운 곤충
골리아스창뿔풍뎅이. 몸무게가 100g까지 나간다.

가장 작은 포유동물
원산지가 타이인 희귀한 키티돼지코박쥐. 날개의 길이가 15cm밖에 안 되고, 무게가 2g도 안 된다.

가장 빠른 동물
매. 먹이를 향해 공중에서 다이빙할 때의 속도가 시속 180km나 된다.

단거리 달리기 선수
치타는 짧은 거리는 시속 최고 100km터로 달릴 수 있다. 그런데 금방 지친다.

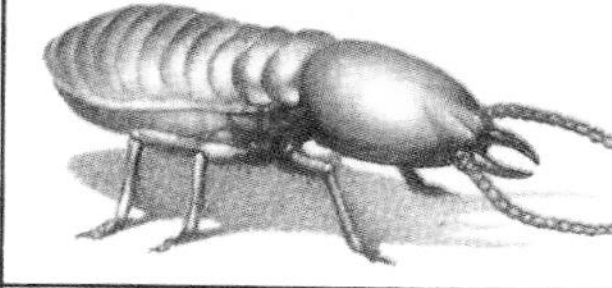

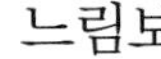

느림보
원산지가 남아메리카인 세발가락나무늘보는 1분에 겨우 2m의 속도로 땅 위를 기어 다닌다. 나무 위에서는 1분에 3m 정도이다.

높이뛰기 챔피언
벼룩은 자기 키의 130배나 높이 뛸 수 있다. 이때의 높이는 19cm에 이른다. 멀리뛰기 기록은 33cm이다.

어마어마하게 큰 집
어떤 흰개미들은 높이 8m의 뾰족탑 같은 집을 짓는다. 한 집에서 500만 마리나 되는 흰개미들이 살 수 있다.

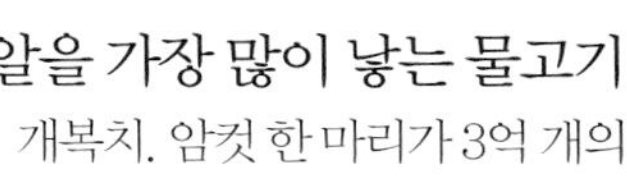

알을 가장 많이 낳는 물고기
개복치. 암컷 한 마리가 3억 개의 알을 지니고 다닌다.

수컷을 잡아먹는 암컷

검은이끼거미 암컷은 짝짓기가 끝나면 수컷을 잡아먹기도 한다. 이 암컷은 방울뱀의 독보다 15배 이상 강한 독을 지니고 있다.

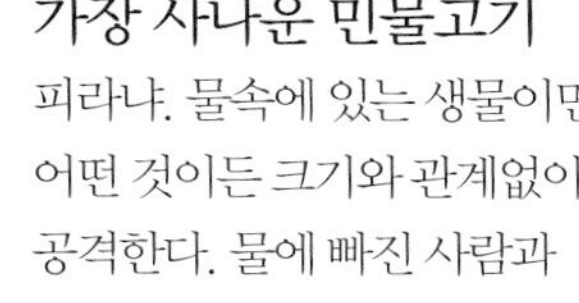

가장 사나운 민물고기

피라냐. 물속에 있는 생물이면 어떤 것이든 크기와 관계없이 공격한다. 물에 빠진 사람과 말도 잡아먹었다.

긴 혀

카멜레온은 혀를 몸길이의 두 배나 되는 곳까지 뻗을 수 있다. 혀를 번개처럼 빨리 뻗어 끈적끈적한 혀끝으로 곤충을 잡는다.

말하는 새

애완용 앵무새는 가르치면 말할 수 있다. 색깔과 모양, 숫자도 식별할 수 있다.

새끼들을 입 속에 넣어 보호

틸라피아 암컷은 어린 새끼들을 입 속에 품어 보호한다. 새끼들이 먹이를 먹을 때는 입에서 내보낸다.

커다란 입

아프리카알뱀은 자기 머리의 두 배나 되는 알을 삼킬 수 있다. 턱의 특별한 인대가 입을 크게 벌리게 하여 알을 목구멍으로 들어가게 한다.

오래 사는 동물

뉴질랜드의 옛도마뱀은 120년 이상 살 수 있다. 알이 부화하는 데 15개월까지 걸린다.

가장 긴 여행

북극제비갈매기는 해마다 북극에서 20,000㎞를 여행하여 남극으로 갔다가 다시 북극으로 돌아간다.

냄새가 고약한 액체

얼룩스컹크는 적을 향해 지독한 냄새가 나는 액체를 뿜어 3.6m나 떨어진 거리에서도 정확히 맞힐 수 있다.

아주 희귀한 포유동물

주머니이리는 마지막 한 마리가 1930년대에 동물원에서 죽었다고 생각되었다. 그런데 1970년대와 1980년대에 태즈메이니아 섬의 외딴 곳에서 보았다는 보고가 있다.

아주 짧은 일생

어른이 된 하루살이는 하루나 이틀밖에 살지 못한다. 그 짧은 시간에 암컷을 찾아 짝짓기를 한다. 애벌레는 1년 이상 지나 어른 하루살이가 된다.

치명적인 독

동남아시아에서 사는 킹코브라는 세계에서 가장 긴 독사이다. 몸길이가 4.5m에 이른다.

가장 시끄러운 육지 동물

중앙아메리카의 우림에서 사는 붉은울음원숭이. 이 원숭이가 지르는 소리는 3㎞나 떨어진 곳에서도 들을 수 있다.

알을 낳는 포유동물

오스트레일리아에서 사는 오리너구리는 알을 낳는 포유동물이다. 새끼는 부화하면 어미의 배에 있는 털을 헤치고 젖을 빨아먹는다.

멸종 위기의 동물들

Animals in Danger

약 35억 년 전, 지구에 처음으로 생물이 탄생한 뒤 5억 종류나 되는 동식물이 살았다. 일부는 수백만 년이 지나는 동안 환경의 변화로 인해 멸종되었다. 변화된 환경에 적응한 새로운 동식물이 이전의 동식물을 대신하기도 했다. 어떤 종은 거의 진화하지 않고 수천만 년 동안 살아오고 있지만, 어떤 종은 생겨나고 몇 천 년이 지나지 않아 멸종되기도 한다. 지금은 사냥과 서식지 파괴로 많은 종의 동물이 자연의 힘에 의해 멸종된 것보다 훨씬 빠른 속도로 멸종의 위기를 맞고 있다. 그래서 지구 생태계의 미묘한 균형이 흔들리기 시작했다. 지난 300년 동안에 멸종된 동물의 4분의 3이 인간 때문에 멸종되었다. 그리고 지금 수천 종의 동식물이 위기에 놓여 있다. 전 세계적으로 큰 위험에 빠진 동물들을 지도에 나타냈다. 멸종 위기에 놓인 동물들을 보호할 수 있는 방법은 여러 가지이다.

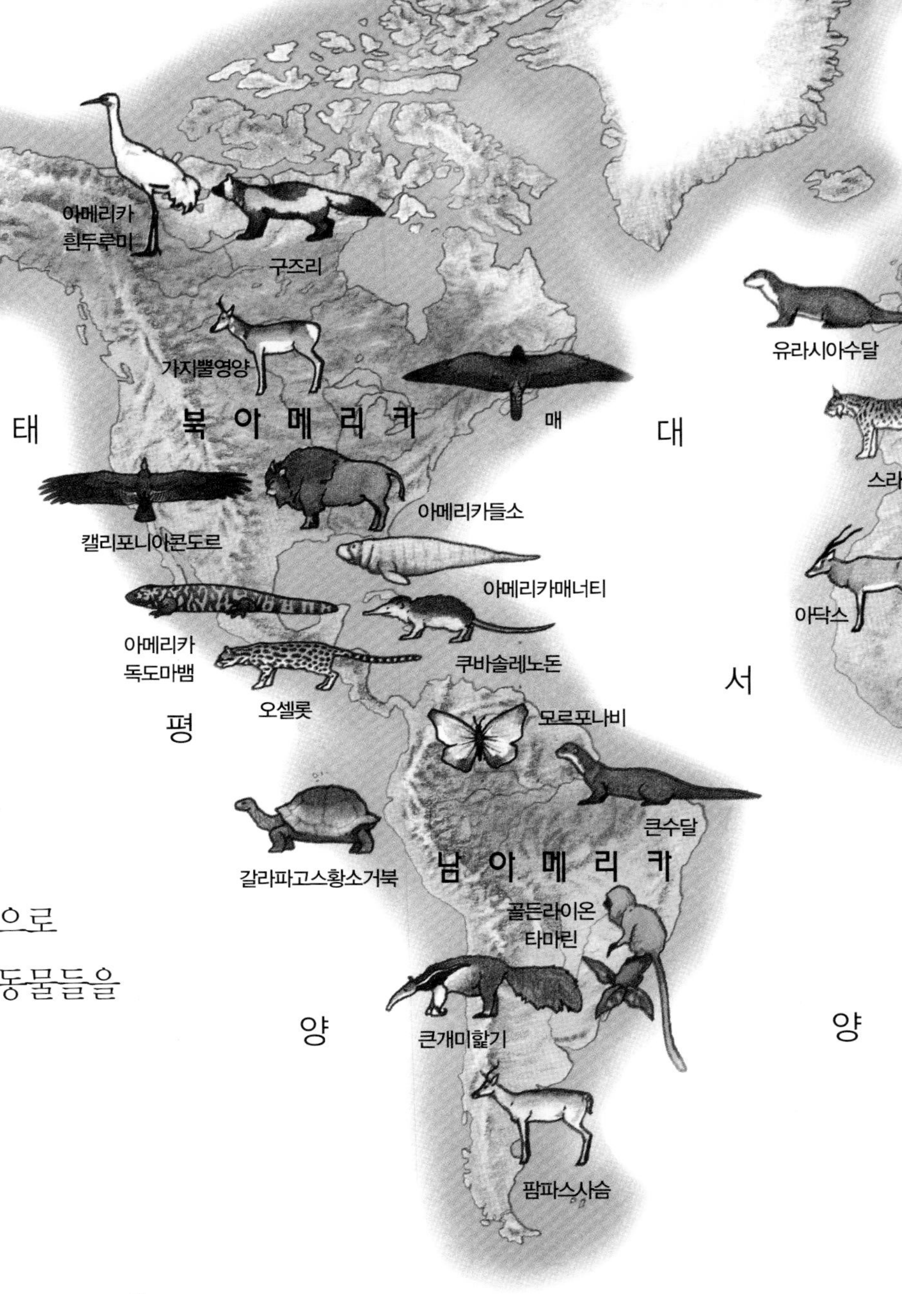

스라소니

서식지 파괴

멸종 위기에 이른 동물들에게 가장 큰 위협은 서식지 파괴이다. 동물들은 그들만의 독특한 환경에 적응하며 살고 있어서 환경이 파괴되면 쉽게 다른 곳으로 갈 수 없다. 사람들은 목재를 얻으려고 숲의 나무를 베어 낸다. 그래서 그 숲에서 살고 있던 스라소니나 고릴라 같은 동물들이 멸종 위기에 빠졌다. 나무를 베어 내면 흙이 빗물에 씻기거나 바람에 날려 황폐해진다. 생활 터전이나 농장을 만들려고 사람들은 습지, 소택지, 숲 등 동식물의 서식지를 파괴한다. 저수지를 만들어 저장한 물을 도시에 공급하기도 하고, 거대한 댐을 만들어 전기를 일으키기도 한다. 땅 속에 있는 광물이나 연료를 캐내려고 넓은 지역을 파괴하기도 한다.

모르포나비

사냥과 채집

표범, 치타, 오셀롯, 카이만 등 아름다운 가죽을 가진 동물들은 그들의 가죽으로 코트, 구두, 가방 등을 만들려는 사람들에게 사냥을 당한다. 이런 사냥은 대개 불법이지만, 사람들이 가죽 제품을 사는 한 동물들은 계속해서 죽임을 당할 것이다. 옛날에는 많은 야생 동물들을 잡아 과학 표본으로 만들었다. 지금은 야생 동물을 자연의 서식지에서 보호하는 데 더 관심을 기울이고 있다. 그러나 여전히 의료 연구용이나 애완용으로 팔리는 야생 동물들이 있다. 희귀한 모르포나비는 나비수집가들 때문에 위협을 받는다. 희귀한 새들도 새 알을 모으는 사람들이 알을 도둑질한다.

중앙아메리카에는 마운틴고릴라가 300마리쯤밖에 없다. 이들이 살고 있는 숲이 파괴되어 위협을 받고 있다.

1945년 이후 세계 우림의 반 이상이 파괴되었다. 지금도 계속 파괴되고 있다. 이대로 가면 50년 뒤에는 세계 우림 전체가 사라질 수 있다.

오셀롯의 얼룩 무늬 가죽으로 코트를 만들려는 사람들 때문에 많은 오셀롯이 죽었다. 지금은 수가 적어져서 오셀롯이 잡아먹는 쥐들이 늘어나 병균을 퍼뜨린다.

모피 코트는 사치품이다. 우리는 모피 코트 없이도 살 수 있다. 모피는 사람이 입는 것보다 동물이 입고 있을 때 훨씬 아름답다.

동물 보호를 위해 할 수 있는 일들

• 모피 코트, 가죽 가방, 가죽 구두, 상아 조각품, 조개껍데기로 만든 장신구 등 동물들을 재료로 해서 만든 상품을 사지 않는다.

• 특정한 땅이나 바다를 국립공원이나 야생 동물 보호 지역으로 정해 동물들이 안전하게 살 수 있도록 한다.

• 서식지가 파괴되는 것을 막을 수 없는 지역에서는 멸종 위기에 놓인 동물들을 동물원이나 야생 동물 공원에서 기른다. 적당한 서식지가 발견되면 기르던 야생 동물들을 자연으로 돌려보낼 수 있다.

• 동물 사냥을 금지하는 법안을 통과시킨다.

• 공해를 줄여 독성이 있는 물질 때문에 동물들이 죽거나 해를 입는 일이 없도록 한다.

• 야외에 나가서는 반드시 쓰레기는 가져오고, 야생 동물의 생활을 방해하지 않도록 조심한다.

• 야생 동물을 잡아 애완동물로 파는 일을 하지 않는다.

• 침팬지 같은 야생 동물을 의학 연구용으로 사용하지 않는다. 동물 보호 단체에 가입하여 귀중한 동물의 생존을 위협하는 일에 반대한다. 기금을 모으거나 다른 사람들에게 이 문제의 중요성을 힘써 알린다.

갈라파고스황소거북

동물의 이동

사람들이 옮겨 온 동물들은 새로운 환경에 적응하지 못하면 죽는다. 어떤 동물들은 번식하여 수가 늘어 원래 살고 있던 동물들의 생태계 균형을 깨뜨리기도 한다. 갈라파고스 섬으로 옮겨진 염소는 그 섬에서 살고 있는 갈라파고스황소거북, 갈라파고스이구아나와 먹이를 놓고 다투었고, 옮겨 온 쥐와 유럽삵은 새끼거북과 새, 새의 알 등을 먹어 버렸다. 카카포 등 뉴질랜드에 있는 날지 못하는 새들은 다른 곳에서 온 고양이, 쥐, 산족제비 등이 알이나 새끼를 먹어서 위험에 빠져 있다. 오스트레일리아는 사탕수수를 망치는 딱정벌레 때문에 사탕수수두꺼비를 들여왔다. 이 독 있는 두꺼비는 재빨리 퍼져 오스트레일리아의 토박이 개구리, 파충류, 작은 포유동물 등을 위협하고 있다.

물수리

환경 오염

농사에 쓰이는 화학 비료와 농약 등의 화학제품은 흙에 스며들거나 강으로 흘러들어가 야생 동물들을 중독시킨다. 공장이나 하수 처리장에서 흘러나온 유독한 화학제품들도 강이나 바다로 흘러간다. 자동차 배기가스, 발전소나 공장에서 나온 폐기물 속의 화학물질 등이 공기 속의 수분과 결합해 내리는 산성비는 시내로, 강으로, 호수로 흘러들어 물을 강한 산성으로 만든다. 그래서 그 물에서 사는 물고기들을 죽인다. 그 물고기를 먹고 사는 물수리 같은 새는 몸에 독이 쌓여 병이 든다. 그 새들은 껍데기가 얇은 알을 낳기도 하고, 뼈가 굽은 새끼를 기르기도 한다. 산성비는 또한 숲을 파괴한다. 방사능 역시 위험하다. 1986년, 우크라이나 체르노빌 원자력 발전소의 사고로 많은 방사능이 공기 속으로 빠져나와 유럽 여러 지역이 오염되었다.

농민들은 남아메리카의 초원 팜파스에 소와 양 등 많은 초식동물들을 옮겨 왔다. 이 가축들이 먹는 풀이 잘 자라도록 농민들은 초원에 불을 질렀다. 그래서 초원의 모습이 크게 변했다.

팜파스사슴은 전에는 팜파스의 풀을 뜯어 먹고 살았는데, 가축 무리와 먹이 다툼을 벌이게 되어 수가 크게 줄었다.

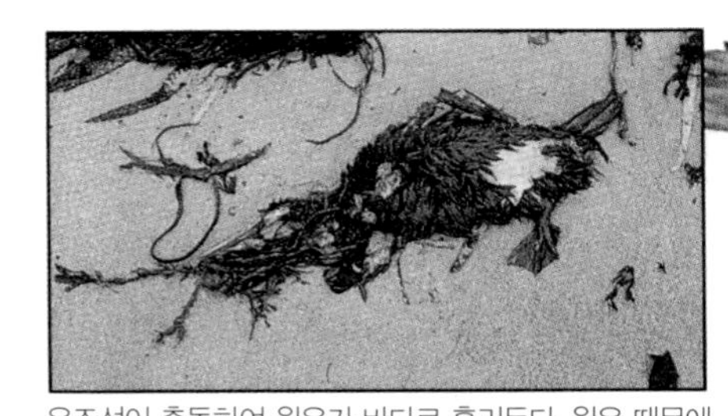
유조선이 충돌하여 원유가 바다로 흘러든다. 원유 때문에 날개와 날개가 찰싹 달라붙은 바닷새는 추위와 습기를 막을 수 없고, 물속에 들어가 먹이를 잡지도 못한다. 마침내 굶주림과 추위 때문에 죽는다.

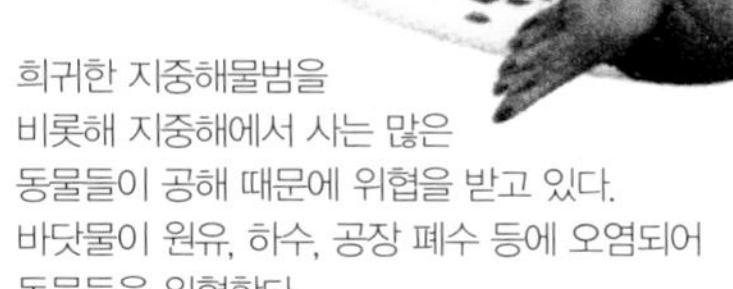
희귀한 지중해물범을 비롯해 지중해에서 사는 많은 동물들이 공해 때문에 위협을 받고 있다. 바닷물이 원유, 하수, 공장 폐수 등에 오염되어 동물들을 위협한다.

찾아보기

ㄱ 가봉북살모사 36·가시꼬리아가마 35·가시나비고기 56·가시두더지 52·가시면류관불가사리 56·갈기이리 27·갈라파고스물개 21·갈라파고스민물가마우지 20·갈라파고스이구아나 20, 63·갈라파고스펭귄 21·갈라파고스황소거북 21, 63·갈색사다새 16·갑상선가젤 45·개복치 60·거대개구리 37·검은꼬리누영양 38·검은꼬리잭토끼 15·검은산달 43·검은얼굴나무오름캥거루 54·검은이끼거미 61·검은코뿔소 39, 63·검은혹코뿔새 37·게 20·고릴라 36, 62·골리아스창뿔풍뎅이 60·관목 지대 6·구멍파기올빼미 27·구즈리 11·극피동물 5·금계 48·금빛산호 56·금빛풍뎅이 19·기린 39, 60·긴귀밴디쿠트 52·긴부리가 17·깔때기거미 54·꿀꼬마주머니쥐 55·꿀벌새 18, 60

ㄴ 나무오름천산갑 36·남극젓새우 59·남쪽털코웜바트 53·노랑머리꾀꼬리 33·녹색두꺼비 32·눈신발멧토끼 12·눈토끼 9·느시 45·늑대 42·늪살모사 16

ㄷ 다마사슴 30·다윈 20·다윈코개구리 22·단봉낙타 35·대벌레 41·덤불멧돼지 41·도깨비도마뱀 53·도마뱀붙이 55·동고비 30·동굴영원 32·두건물범 8·두점박이무당벌레 10·들꿩 43·딩고 53·딱따구리핀치 21·땅앵무 57·떠돌이알바트로스 59, 60·뛰는쥐 34

ㄹ 레밍 43·레서팬더 49·로열앤틸롭 36·루비토파즈벌새 25

ㅁ 마눌고양이 45·마라 26·마운틴고릴라 62·마코르 47·말뚝망둥어 51·말레이테이퍼 50·말미잘 56·매 60·멧돼지 30·모기 17·모나크나비 11·모래고양이 34·모르포나비 24, 62·목걸이도마뱀 15·목도리도마뱀 52·무스 10·무척추동물 5·물수리 28, 63·물저장개구리 53·미국군함조 21·미국독나비 16·미국청개구리 17·미시시피악어 16·민꼬리푸두 22

ㅂ 바다이구아나 21·바다코끼리 9·바바리양 35·바바리원숭이 33·바위티런새 22·바이칼물범 42·반달가슴곰 47·베리옥시시파카 40·벵골민목독수리 39·벼룩 60·보브캣 12·부채머리독수리 25·부탄제비나비 46·북극곰 8·북극땅다람쥐 43·북극여우 8·북극제비갈매기 9, 61·북미날다람쥐 13·북쪽주머니쥐 11·불곰 32·붉은꿩 46·붉은머리피리새 39·붉은바다거북 16·붉은배숲왈라비 57·붉은부리동고비때까치 41·붉은사슴 29·붉은울음원숭이 19, 61·붉은장식풍조 55·붉은캥거루 53·붉은토굴둥지새 26·비늘꼬리사막꿩 35·비버 11·비스카차 26·비쿠나 22·뿔도요타조 27

ㅅ 사막독거미 15·사막독사 44·사막땅거북 15·사막전갈 34·사막호랑나비 14·사바나 6, 38·사이가 45·사자 39·사탕수수두꺼비 63·사향노루 49·사향소 8·산성비 63·산쑥들꿩 10·산오리 23·산테이퍼 22·산파랑새 13·산호초 7, 56·샤무아 32·서방송곳부리꿀빨기새 54·서배너얼룩말 38·선인장굴뚝새 14·선인장딱따구리 15·성빈센트앵무새 19·성성이따오기 19·세로줄무늬키위 58·세발가락나무늘보 25, 60·소나무산달 29·솔잣새 28·솜털오리 9·송곳벌레살이납작맵시벌 29·쇠족제비 31·수염수리 32·순록 43·순록양파리 8·스라소니 33, 62·스텝 6, 44·스텝거저리 45·스텝독수리 44·스텝마못 47·습지 7, 16·시베리아레밍 43·시베리아쇠박새 43·시베리아아이벡스 46·시베리아어치 43·시베리아호랑이 49·시파카 40·실러캔스 41·쌍봉낙타 44

ㅇ 아기아르마딜로 26·아닥스 35·아메리카너구리 10·아메리카독도마뱀 15·아메리카비버 11·아메리카흰두루미 10·아시아들당나귀 44·아이아이 40·아틀라스산누에나방 50·아프리카알뱀 61·아프리카왕달팽이 37·아프리카자카나 37·아프리카코끼리 38, 60·아프리카타조 60·악질방울뱀 14·안경곰 23·안경카이만 24·안데스딱따구리 23·안데스콘도르 22·알락꼬리여우원숭이 40·알렉산드왕나비 55, 60·알파카 23·앵무새 61·야크 47·양서류 5·양쯔강돌고래 48·양쯔강악어 49·어류 5·얼룩무늬물범 59·얼룩스컹크 14, 61·얼룩하이에나 38·에메랄드나무보아 25·에뮤 52·에버글레이드솔개 16·여우 31·엷은먹빛새매 35·옛도마뱀 58, 61·오랑우탄 51·오리너구리 57, 61·오색꼬리치레 47·오색딱따구리 31·오색멧새 17·오색장수앵무 54·오셀롯 19, 62·오소리 30·오카피 36·올빼미 31·와피티 13·왕도마뱀 44·왕쇠똥구리 35·웃는물총새 55·웅놀래기 56·유럽고슴도치 31·유럽긴털족제비 29·유럽동면쥐 31·유럽땅다람쥐 45·유럽불개미 28·유럽사슴벌레 30·유럽삵 28·유럽제네트 33·유럽햄스터 44·유럽홍학 33·인도공작 51·인도코끼리 50·인도코뿔소 50·인드리 41·일각돌고래 8·일본사슴 48·일본원숭이 48·일본장수도롱뇽 49·

ㅈ 자이언트조개 56·자이언트팬더 48·장식비단날개새 19, 60·재규어 24·제프로이거미원숭이 24·주머니개미핥기 55·주머니고양이 57·주머니두더지 53·주머니이리 57, 61·주머니하늘다람쥐 54·쥐먹기 53·지중해 6, 32, 63·지중해물범 33, 63·지중해카멜레온 34·진홍앵무 25·진홍저어새 17·진홍타이란새 21·짧은꼬리박쥐 58, 63

ㅊ 청개구리사촌 18·청설모 31·치타 38, 60, 62·치프멍크다람쥐 10·친칠라 23·칡부엉이 28·침팬지 37

ㅋ 카라카라매 26·카리브해매너티 17·카멜레온 34, 61·카이만 62·카카포 58, 63·캐나다호저 12·케아 58·코끼리물범 59·코먼투파이 48·코모도왕도마뱀 51·코알라 55·코주부원숭이 51·쿠바솔레노돈 19·큰개미핥기 27·큰고니 42·큰귀고슴도치 34·큰귀뛰는쥐 45·큰도로경주뻐꾸기 14·큰들꿩 29·큰레아새 26·큰벌새 23·큰뿔양 12·큰아르마딜로 25·큰턱개미 18·키트여우 14·키티돼지코박쥐 51, 60·킨카주 18·킹코브라 50

ㅌ 타이가 6·타이판독뱀 54·타조 60·타킨 47·태양새사촌 40·태즈메이니아데빌 57·턱수염물범 8·텐렉 40·토끼박쥐 28·토코큰부리새 24·톰슨가젤 39·툰드라 6, 42·틸라피아 61

ㅍ 파우얼 포인트 31·파이어로프 61·파충류의 화석 31·파호이호이 9, 27·판게아 대륙 15, 46, 62, 63·판타날 34·판탈라사 15, 37·퍼벡 섬 42·페그마타이트 56·페름기 62, 63·페리 산 50·편마암 60·편암 30, 61·폭발성 화산 16·풀 만 42·풍화 9, 13, 22, 23, 26, 28, 29, 35, 52, 53, 58, 59·플라야 50·플루톤 25, 26·피레네 산맥 32, 33, 39·피코 데 발리비에나 32·피크 라 카나우 33·필리핀 해 판 12·필석 62·핑갈의 동굴 13·핑고 34

ㅎ 하나우파 협곡 50·하부브 51·하와이 제도 18, 19·하지 7·한대 53·할루시지니어 11·항성 6, 54, 55·해구 36, 37·해령 14, 15, 26, 27, 31, 36~39·해류 47·해빙 46, 47·해안선 31, 33, 42, 46, 47·해양저 14, 15, 23, 24, 27, 36, 38, 39·해양판 14, 25·해저 이만 마일 39·해저 지진 21·해저 화산 13, 19, 37·해파리 63·향암 35·헤서나이트 61·헬륨 9, 54, 55·현무암 10, 13, 18, 19, 27, 39, 55~57·현무암질 마그마 19·현무암질 용암 19, 27, 38, 39·현무암질 지형 27·현생대 63·협곡 31, 34, 36, 41, 50·호모 사피엔스 63·호상 편마암 60·호피 월 31·호피 포인트 31·혼티드 캐니언 30·홍해 39, 40·화강암 10, 23, 25, 26, 30, 32, 33, 41, 42, 55~57, 60·화강암 저반 26·화강암질 지형 26·화산대 12, 13·화산섬 18, 27·화산암 13, 27, 56·화산재 12, 13, 16, 17, 22, 27, 35·화산재 구름 16, 17, 18·화산탄 57·화성암 10, 13, 25~27, 32, 56, 57, 60·화이트오팔 59·환드퓨카 판 12·환태평양 화산대 12·활석 61·활화산 20·황 38, 57·황동석 57·황토 지대 28, 29·황하 28, 29·황화가스 9·황화물 38, 57·회색 이암 61·휭파 21·후두 34·후지 산 35·휘석 55, 57·흑요석 57·흰 대리암 60, 61·히말라야 산맥 5, 15, 22~24, 33, 39, 51, 63

글 / 바바라 테일러

환경과학을 공부하고 런던 자연사 박물관에서 일했다. 지금까지 100여 권에 달하는 자연과학 서적을 냈다. 세계 곳곳의 야생동물 보호구역을 돌아다니며 동물들의 생태 환경에 대해 공부하고 있으며, 자연보호 활동에도 앞장서고 있다.

그림 / 케네스 릴리

영국 출신의 세계적인 동물 삽화가. 동물화와 해부학을 공부했으며, 40년 넘게 동물 전문 삽화가로 활동하며 유럽, 미국, 아시아 등 세계 곳곳에서 작품 전시회를 갖고 있다.

감수

하종규

서울대학교 대학원 동물자원과학과를 졸업하고 미국 남다코타주립대학에서 농학박사를 취득했다. 세계 축산학회 조직위원회 위원장, 아세아 태평양 축산학회 편집위원장 등을 지낸 바 있으며, 현재 서울대학교 동물자원과학과 교수로 있다. 지은 책으로는 《반추동물영양생리학》 《반추동물영양학실험법》 등이 있다.

박선오

서울대학교 생물교육과를 졸업하고 과학동아 구술 연재 담당과 대성 전국 모의고사 출제 위원으로 있었다. 메가스터디 강사로 있었다.

박영주

서울대학교 사범대학 지구과학교육과를 졸업하고, 서울대학교 자연과학대학원 대기과학과를 졸업했다. 중학교 과학교사로 있다.

번역 / 이미현